T0198600

Fit for Future

Reihe herausgegeben von
Peter Buchenau
The Right Way GmbH
Waldbrunn, Deutschland

Die Zukunft wird massive Veränderungen im Arbeits- und Privatleben mit sich bringen. Tendenzen gehen sogar dahin, dass die klassische Teilung zwischen Arbeitszeit und Freizeit nicht mehr gelingen wird. Eine neue Zeit – die sogenannte „Lebenszeit" – beginnt. Laut Bundesregierung werden in den nächsten Jahren viele Berufe einen tiefgreifenden Wandel erleben und in ihrer derzeitigen Form nicht mehr existieren. Im Gegenzug wird es neue Berufe geben, von denen wir heute noch nicht wissen, wie diese aussehen oder welche Tätigkeiten diese beinhalten werden. Betriebsökonomen schildern mögliche Szenarien, dass eine stetig steigende Anzahl an Arbeitsplätzen durch Digitalisierung und Robotisierung gefährdet sind. Die Reihe „Fit for future" beschäftigt sich eingehend mit dieser Thematik und bringt zum Ausdruck, wie wichtig es ist, sich diesen neuen Rahmenbedingungen am Markt anzupassen, flexibel zu sein, seine Kompetenzen zu stärken und „Fit for future" zu werden. Der Initiator der Buchreihe Peter Buchenau lädt hierzu namhafte Experten ein, ihren Erfahrungsschatz auf Papier zu bringen und zu schildern, welche Kompetenzen es brauchen wird, um auch künftig erfolgreich am Markt zu agieren. Ein Buch von der Praxis für die Praxis, von Profis für Profis. Leser und Leserinnen erhalten „einen Blick in die Zukunft" und die Möglichkeit, ihre berufliche Entwicklung rechtzeitig mitzugestalten.

Weitere Bände in der Reihe https://link.springer.com/bookseries/16161

Maike Mallison · Daniel Harbs

Burnout ist out

Wie Sie das Ausbrennen verhindern

Maike Mallison
Hamburg, Deutschland

Daniel Harbs
Hamburg, Deutschland

ISSN 2730-6941 ISSN 2730-695X (electronic)
Fit for Future
ISBN 978-3-658-34659-1 ISBN 978-3-658-34660-7 (eBook)
https://doi.org/10.1007/978-3-658-34660-7

Die Deutsche Nationalbibliothek verzeichnet diese Publikation in der Deutschen Nationalbibliografie; detaillierte bibliografische Daten sind im Internet über http://dnb.d-nb.de abrufbar.

Planung/Lektorat: Nora Valussi
Springer Gabler ist ein Imprint der eingetragenen Gesellschaft Springer Fachmedien Wiesbaden GmbH und ist ein Teil von Springer Nature.
Die Anschrift der Gesellschaft ist: Abraham-Lincoln-Str. 46, 65189 Wiesbaden, Germany

Vorwort

„Noch ein Buch über Burnout?" werden Sie sich vielleicht fragen, und das ganz zu Recht! Burnout ist ein Modethema und es wurde schon umfassend und vielfach diskutiert.

Dennoch wollen wir es wagen und noch ein Buch zu diesem Thema zu verfassen. Warum? Weil wir täglich mit erschöpften Arbeitnehmer*innen arbeiten und wir häufig das Feedback bekommen, dass unser Ansatz so ungewöhnlich und so wirkungsvoll ist, dass wir nun in Form dieses Buchs gerne auch Sie, liebe Leserin und lieber Leser, davon profitieren lassen möchten. Was machen wir anders?

Unsere Erfahrung ist, dass die Ursache für Erschöpfungszustände nie nur in den psychosozialen Faktoren des Einzelnen liegt, sondern auch in der Zellgesundheit der Betroffenen und in den Strukturen des Arbeitsplatzes. Burnoutursachen liegen in der Tiefe: in der Tiefe der Unternehmenskultur der Betroffenen und in der Tiefe jedes Einzelnen, in der Tiefe des Mindsets und in der Tiefe der Zellen. Und bei jedem liegt die Ursache woanders. Dementsprechend sind die Lösungen vielfältig und die präventive Arbeit birgt mit der Stärkung der Tiefe bzw. des Inneren – den Zellen des Einzelnen, der mentalen Stärke des Einzelnen und den Strukturen des Unternehmens – ein so großes Potenzial. Dieses Buch zeigt Ihnen auf, wie Sie dank Zellgesundheit, Mikronährstoffen und einem gesundheitsförderlichen Mindset Ihre Vitalität erhalten können.

Wenn Sie also Ihr volles gesundheitliches Potenzial entfalten möchten, damit Sie in gesundem Maße für alles brennen können, was Sie begeistert, ohne von einem Burnout zurückgeworfen zu werden, ist unser Ansatz für Sie interessant.

Dieses Buch richtet sich an Unternehmer und Führungskräfte, an Personaler bzw. Entscheider im Unternehmen in Sachen Gesundheit und an mutige Arbeitnehmer, die das Thema Erschöpfungs- und Burnoutprävention selbst in die Hand nehmen wollen, um fit für die Zukunft zu bleiben.

Ein ganz herzliches Dankeschön geht an dieser Stelle an all diejenigen, die unser Buch als Betroffene eines durchgestandenen Burnouts bereichern, indem sie Ihnen als Leser mit ihren Erfahrungsberichten und Tipps sehr wertvolle und persönliche Einblicke in diese Erkrankung geben.

Wir wünschen Ihnen viel Freude beim Lesen!

Ihr Daniel Harbs
Ihre Maike Mallison

Inhaltsverzeichnis

Über die Autoren

Maike Mallison ist Sportwissenschaftlerin, Systemische Coach und Fachfrau für Betriebliches Gesundheitsmanagement. Sie berät und coacht Kunden im privaten wie im beruflichen Kontext zu einer gesunden Lebensführung.

Daniel Harbs ist Facharzt für Allgemeinmedizin, Ernährungs- und Sportmediziner sowie spezialisiert auf orthomolekulare Medizin. Er betreibt seine eigene Praxis in Hamburg und berät mit seiner Intensemed Consulting GmbH Manager und Unternehmer zu medizinischen Themen.

1

Einleitung

Depression ist out, Burnout ist in! Depression ist etwas für Verlierer, Versager, Gescheiterte. Burnout hingegen haben Gewinnertypen! Wer ausbrennt, hat zuvor für etwas gebrannt. Hat alles gegeben, hat sich selbst geopfert für den Erfolg.

Na? Ertappen Sie sich dabei, dass Ihr Unterbewusstsein dieser These ganz verhalten zustimmt? Diese Sichtweise ein und derselben Erkrankung hat sich schleichend in unseren Köpfen verankert. Burnout ist nichts anderes als eine Überlastungsdepression. Burnout wurde in der ersten Dekade der 2000er-Jahre zur neuen Modediagnose. In den Statistiken werden Depressionen, Erschöpfungszustände und Burnout als psychische Erkrankungen geführt. Dabei wird übersehen, dass Erschöpfungssyndrome auch eine physische, also körperliche Komponente haben. Und die hat bereits in der Prävention einen immensen Einfluss!

Die Prävention von Erschöpfung und Burnout beginnt auch in der Zelle. Hält der dauerhafte negative Stress im

© Der/die Autor(en), exklusiv lizenziert durch Springer
Fachmedien Wiesbaden GmbH, ein Teil von Springer Nature 2021
M. Mallison und D. Harbs, *Burnout ist out,* Fit for Future,
https://doi.org/10.1007/978-3-658-34660-7_1

Rahmen eines Erschöpfungszustands an, gerät das ganze Leben aus dem Gleichgewicht. Routinen brechen ein. Es ist kein Elan mehr vorhanden für eine gesunde, ausgewogene Ernährung, für Bewegung und Entspannungseinheiten. Das vegetative Nervensystem gerät aus der Balance. Der Körper ist nicht nur psychisch, sondern auch körperlich im Stress. Durch die nun qualitativ schlechtere Ernährung und den gleichzeitig erhöhten Bedarf des Körpers im Ausnahmezustand kommt es zu einer inadäquaten Mikronährstoffversorgung. Die Folge: Noch mehr Erschöpfung, noch mehr Leistungsabfall, noch mehr Niedergeschlagenheit und Antriebslosigkeit (vgl. Abb. 1.1).

Leider ist diese physische Komponente der Krankheitsentwicklung den wenigsten Betroffenen bekannt. Die Prävention setzt an den psychosozialen Anteilen der Erkrankung an. Es wird davon ausgegangen, dass sich die körperlichen Symptome dann ebenfalls bessern. Das ist auch richtig. Aber nur teilweise. Eine ganzheitliche Prävention beinhaltet jedoch auch das Einbeziehen der körperlichen Aspekte bei Erschöpfung. Von Anfang an.

Also ein paar Nahrungsergänzungsmittel einwerfen und schon kann man wieder durchstarten? So einfach ist es natürlich nicht. Psyche, Verhalten und körperliche Voraussetzungen behutsam in Einklang bringen – das ist in unserem Alltag in der präventiven und therapeutischen

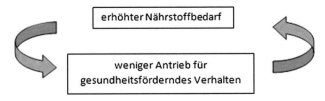

Abb. 1.1 Abwärtsspirale bei Stress. (Quelle: eigene Darstellung)

Arbeit mit erschöpften Arbeitnehmern unser professionelles Selbstverständnis. Dieser Ansatz kommt gut in folgender Aussage einer Betroffenen zum Ausdruck:

„Am Anfang der Behandlung sah ich mich kurz vor einem Burnout – ständig müde, kraftlos und überfordert. Die Leistungsfähigkeit hatte sich im Laufe der Behandlung langsam gesteigert. Anfangs waren die Unterschiede noch gering, am Ende immer deutlicher. Weniger Müdigkeit, bessere Konzentration und Lust auf Bewegung waren deutlich spürbar. Durch rechtzeitiges Behandeln von stress-bedingten Beschwerden kann so viel Leistungsvermögen und Lebensqualität zurückerlangt werden! Der Blick auf den gesamten Körper und das gezielte Programm wie ich es erhalten habe, müsste jeder Betroffene erhalten. Ein Coaching ist ebenfalls hilfreich, um präventiv zu arbeiten.

Ich wünschte, dieser Ansatz wäre weiter verbreitet! Danke!"
(Lehrerin, 59 Jahre)

Hinzu kommt der Faktor Arbeitsplatz in der Gesunderhaltung von Arbeitnehmern. Die Verhältnisprävention im Unternehmen spielt eine Schlüsselrolle bei der Burnoutprävention. Kein noch so gesunder und motivierter Mitarbeiter kann und soll dauerhaft in einem krank machenden System gesund bleiben.

Wir zeigen Ihnen in diesem Buch leicht verständlich und mit vielen Tipps für die Praxis, wie Sie und Ihre Mitarbeiter dank Zellgesundheit, Mikronährstoffen und einem gesundheitsförderlichen Mindset das Risiko reduzieren können, auszubrennen.

Den Schwerpunkt bildet dabei die individuelle Gesundheitsförderung, damit Sie noch lange etwas von Ihrer Gesundheit haben und in gesundem Maße für alles brennen können, was Ihnen wichtig ist. Beruflich und privat. Denn Burnout ist out!

2

Burnout als Wirtschaftsfaktor

Die ganzheitliche Prävention von Burnout setzt auf verschiedenen Ebenen an: bei den Strukturen der Organisation, die gesundheitsförderliche Unternehmenswerte schafft und bei jedem einzelnen Menschen, der seine individuelle Gesundheit erhalten und stärken möchte – körperlich und mental.

Bevor wir mit konkreten Handlungstipps beginnen, möchten wir in diesem Kapitel den wirtschaftlichen Stellenwert der Diagnose Überlastungsdepression bzw. Burnout herausarbeiten, denn es ist höchste Zeit, Erschöpfung, Überlastungsdepression und Burnout aus der Ecke des Totschweigens und des Verheimlichens zum Schutz der betroffenen Mitarbeitenden und für den wirtschaftlichen Fortbestand der betroffenen Organisationen herauszuholen.

Diese Diagnosegruppe ist mittlerweile weit verbreitet und längst nicht mehr nur in den obersten Führungsebenen anzutreffen. Sie trifft Menschen unterschiedlichster

© Der/die Autor(en), exklusiv lizenziert durch Springer Fachmedien Wiesbaden GmbH, ein Teil von Springer Nature 2021
M. Mallison und D. Harbs, *Burnout ist out,* Fit for Future, https://doi.org/10.1007/978-3-658-34660-7_2

Berufsgruppen, Männer wie Frauen, Junge wie Alte. Eins haben alle Betroffenen gemeinsam: Jeder von ihnen hat neben den privaten Rollen, die ihn oder sie als Mutter, Vater, Partner oder Partnerin unverzichtbar machen, auch eine wirtschaftliche Rolle. Wenn die erschöpfte bzw. von Burnout betroffene Person Arbeitnehmer ist, verursacht die Erkrankung nicht nur Kosten für das Gesundheitssystem, sondern auch für das Unternehmen des Beschäftigten.

Burnout ist für Unternehmen ein nicht zu unterschätzender Wirtschaftsfaktor und nicht nur deshalb sollten gehäufte Burnoutfälle innerhalb der Organisation ernst genommen werden. Denn es hat sich mittlerweile – zumindest in der Wissenschaft – die Erkenntnis durchgesetzt, dass Burnout nicht so sehr die „Schuld" des betroffenen Mitarbeiters ist, der zu wenig belastbar, zu schwach und deshalb überlastet ist, sondern vielmehr ein Symptom für die nicht gesundheitsförderlichen Arbeitsbedingungen innerhalb einer Organisation.

2.1 Burnoutursache Arbeitsplatz

War die allgemeingültige Ansicht, dass Burnout ein Problem des Einzelnen ist, lange Zeit akzeptiert, ist mittlerweile bekannt, dass Burnout vor allem ein systemisches Problem ist. Kein noch so gesunder, motivierter und resilienter Mitarbeiter kann sich diese Eigenschaften dauerhaft in einem krank machenden System erhalten. Christina Maslach und Michael P. Leiter haben diese Erkenntnis im englischsprachigen Raum bereits 1997, im deutschsprachigen 2001 publiziert. Sie sind führend in der Burnoutforschung und Maslach ist Urheberin des Maslach Burnout Inventory (MBI). In ihrem Buch „Die Wahrheit über Burnout. Stress am

Arbeitsplatz und was Sie dagegen tun können" (Maslach und Leiter 2001, Umschlagtext) drücken die Autoren diese Tatsache es so aus: „Burnout ist ein Anzeichen von großen Missständen innerhalb eines Unternehmens und sagt mehr über die Arbeitsumgebung als über die Arbeitnehmer aus". Dies bringt eine Betroffene wie folgt zum Ausdruck:

> „Die Organisation hatte nicht nur Einfluss auf den Burnout, sie war Auslöser. Auf der einen Seite trug das vorherrschende Betriebsklima dazu bei und zum anderen wurde der Druck auf einzelne, so auch auf mich, durch Entlassung von Kollegen massiv erhöht" (Produktmanagerin Pharmaindustrie, 36 Jahre).

Vor diesem Hintergrund möchten wir Ihnen nun einige wirtschaftlich relevante Kennzahlen zum Thema Burnout und Arbeitsunfähigkeit präsentieren, die sich mit dem soeben vorgestellten Ansatz der Burnoutursache Arbeitsplatz aus einer ganz neuen Perspektive lesen und zu schnellem Handeln seitens der Unternehmen drängen.

2.2 Durch Burnout bzw. psychische Störungen entstehen erhebliche Fehlzeiten

Laut statista.de hat sich die Diagnosehäufigkeit „Burnout" in den letzten Jahren drastisch erhöht. Untersucht wurden Burnoutfälle bei Versicherten der AOK. „Wurde im Jahr 2005 durchschnittlich ein Fall von Burnout je 1.000 Mitglieder (AOK) diagnostiziert, waren es 2018 bereits 5,7 AU-Fälle" (Radtke, Arbeitsunfähigkeitstage aufgrund von Burn-out-Erkrankungen bis 2018 https://de.statista.com, zugegriffen: 15.08.2020).

Weiter werden auf www.statista.de folgende Ergebnisse veröffentlicht: „Die AOK zählte 2018 durchschnittlich 5,7 Arbeitsunfähigkeitsfälle je 1.000 Mitglieder aufgrund einer Burnout-Diagnose. Damit hat sich die Diagnosehäufigkeit im letzten Jahrzehnt beinahe verdreifacht. Auch das Krankheitsvolumen dieser Diagnosegruppe hat sich rapide erhöht: Waren es 2005 noch 13,9 Krankheitstage, registrierte die AOK 2018 bereits 120,5 AU-Tage je 1.000 Mitglieder. Hochgerechnet auf alle gesetzlich krankenversicherten Beschäftigten ergeben sich daraus für 2018 rund 176.000 Burnout-Betroffene mit kulminierten 3,9 Mio. Krankheitstagen" (Radtke https://de.statista.com, zugegriffen: 15.08.2020).

Die privat versicherten Arbeitnehmer wie Beamte, Lehrer sowie viele Mitarbeiter der oberen Führungsebenen tauchen in diesen Erhebungen nicht auf.

Zusätzlich zu den Einzelfalldiagnosen findet sich auf www.statista.de „eine Schätzung der Burnout-Erkrankungen in ausgewählten DAX-Unternehmen für das Jahr 2011. Die Werte beruhen auf Schätzungen des Manager Magazins und der Asklepios-Kliniken. Experten der Asklepios-Kliniken haben anhand der Zahl der Patienten, die sich in stationärer Behandlung befinden, die tatsächliche Dimension der Erkrankungen geschätzt. Abgebildet ist die jeweils pessimistischste Schätzung. Bei der Volkswagen AG waren danach im Jahr 2011 bis zu 6.300 Mitarbeiter an Burnout erkrankt. Das würde einem Anteil von 2,8 Prozent der Gesamtbelegschaft entsprechen" (https://de.statista.com, zugegriffen: 15.08.2020).

Schätzungen zu weiteren Unternehmen entnehmen Sie der Abb. 2.1.

Im Gesundheitsreport der Techniker Krankenkasse (TK), der jährlich erscheint und die anonymisierten Daten der Versicherungsfälle aus dem jeweils vergangenen

	Anzahl der an Burnout erkrankten Mitarbeiter	Anteil der an Burnout erkrankten Mitarbeiter in Prozent
Henkel	700	8,4
Allianz	3400	8,3
Thyssen-Krupp	5700	8,3
Siemens	9000	7,8
Deutsche Bank	1900	7,6
Infineon	600	7,5
Telekom	8900	7,3
Commerzbank	3200	7,2
Metro	6600	7,2
BMW	5200	7,1
Daimler	11400	6,8
SAP	1000	6,2
RWE	2400	5,8

Abb. 2.1 Geschätzte Burnout-Fälle ausgewählter DAX-Unternehmen im Jahr 2011

Kalenderjahr präsentiert, finden sich folgende Kennzahlen bezüglich psychischer Erkrankungen, zu denen Burnout gehört (nicht explizit Burnout):

„Die meisten Krankheitsfehltage entfielen geschlechtsübergreifend im Jahr 2019 wieder auf Erkrankungen mit Diagnosen von psychischen Störungen. Mit 289 AU-Tagen je 100 Versicherungsjahre konnten dieser Erkrankungsgruppe 18,8 Prozent aller Fehltage zugeordnet werden. Bei Frauen wurden mit durchschnittlich 364 AU-Tagen je 100 Versicherungsjahre deutlich mehr Fehltage als unter Männern mit 225 AU-Tagen je 100 Versicherungsjahre erfasst." Abb. 2.2 veranschaulicht dies.

Weiter berichtet die TK in ihrem Gesundheitsreport: „Eine insbesondere bei Männern … erheblich längere fallbezogene Arbeitsunfähigkeitsdauer zeigt sich … bei

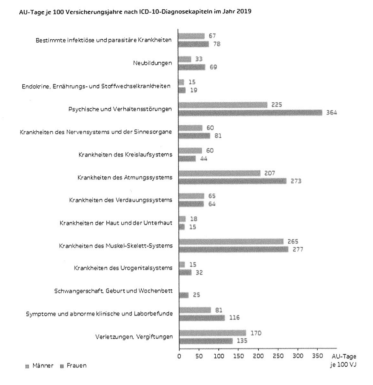

AU-Tage je 100 Versicherungsjahre nach ICD-10-Diagnosekapiteln im Jahr 2019

Abb. 2.2 AU-Tage je 100 Versicherungsjahre nach ICD-10-Diagnosekapiteln im Jahr 2019. (Quelle: TK Gesundheitsreport Arbeitsunfähigkeiten, 2020, S. 23)

Diagnosen von psychischen Störungen, die bei Männern und Frauen 2019 zu Krankschreibungen über fallbezogen durchschnittlich 45 beziehungsweise 42 Tage führten." Abb. 2.3 stellt diese Auswertung anschaulich dar.

Abschließend berichtet die TK: „Bei Fehlzeiten mit psychischen Störungen lässt sich vom Jahr 2018 zum Jahr 2019 erneut ein Anstieg feststellen. Dabei ist dieser

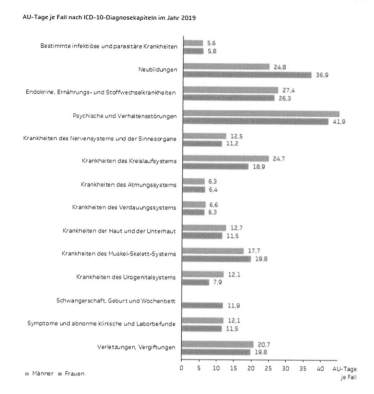

AU-Tage je Fall nach ICD-10-Diagnosekapiteln im Jahr 2019

Abb. 2.3 AU-Tage je Fall nach ICD-10-Diagnosekapiteln im Jahr 2019. (Quelle: TK Gesundheitsreport Arbeitsunfähigkeiten, 2020, S. 22)

Anstieg besonders auf höhere Fehlzeiten mit psychischen Störungen bei Frauen zurückzuführen. Seit dem Jahr 2006 ist ein Trend zur ständigen Zunahme der Fehlzeiten unter entsprechenden Diagnosen zu verzeichnen, der nur in den Jahren 2013 und 2016 zwischenzeitlich unterbrochen wurde" (TK Gesundheitsreport Arbeitsunfähigkeiten, S. 25).

2.3 Wirtschaftliche Relevanz von Burnout für deutsche Unternehmen

Was bedeuten nun diese Zahlen konkret für deutsche Unternehmen?

Dem Arbeitgeber entstehen durch erschöpfungsbedingte Fehlzeiten zwar keine direkten Kosten durch Lohnfortzahlungen, da diese bei einer Falldauer von 42 bzw. 45 Tagen ja durch die Krankenkassen übernommen werden, wohl aber indirekte Kosten durch den Verlust an Arbeitsproduktivität. Je nach Branche und Position kostet ein kranker Mitarbeiter das Unternehmen 250 bis 500 € pro Tag. Bei beispielhaft veranschlagten 300 € pro Tag entstehen also dem Arbeitsgeber von einem männlichen Mitarbeiter, der 45 Tage erschöpfungsbedingt ausfällt, Kosten in Höhe von 13.500 €. Da dies nicht der einzige Burnoutfall im Unternehmen sein wird, sondern wie z. B. bei Siemens im Jahr 2011 geschätzt noch 8999 weitere Mitarbeiter an Burnout erkrankten (vgl. Abb. 2.1.), entsteht dem Unternehmen ein reeller Verlust von 121.500.000 € nur durch erschöpfte Mitarbeiter!

Doch nicht nur die krankheitsbedingt abwesenden Mitarbeiter sind ein Kostenfaktor für Unternehmen.

2.4 Präsentismus: Reduzierte Leistungsfähigkeit am Arbeitsplatz

Auch Mitarbeiter, die in Zeiten von hoher Arbeitslosigkeit beispielsweise aus Angst vor Jobverlust krank am Arbeitsplatz erscheinen, verursachen Kosten. Wer sich krank zur Arbeit schleppt, macht eher Fehler, hat eine erhöhte

Unfallgefahr und ist nicht so produktiv wie bei voller Gesundheit. Präsentismus verursacht zwei Drittel aller Krankheitskosten! Das heißt, die Anwesenheit von nicht voll einsatzbereiten Mitarbeitern ist ein noch viel höherer Kostenfaktor als die tatsächlich abwesenden Kranken. Nur wenige Führungskräfte sind sich dieser Tatsache bewusst, noch viel zu häufig trauen sich Mitarbeiter nicht, sich voll auszukurieren, aus Angst, ihr Gesicht oder ihren Arbeitsplatz zu verlieren.

Wie lassen sich durch Präsentismus entstehende Kosten reduzieren?

Der Schlüssel zu anwesenden, gesunden und motivierten Mitarbeitenden ist eine Unternehmenskultur, in der erkannt und gelebt wird, dass das Unternehmen nur so erfolgreich sein kann wie seine Mitarbeiter; eine Unternehmenskultur, die das Unternehmen nicht gesund schrumpft und ausschließlich die Gesundheit des „cash flows" im Blick hat, sondern auch die Gesundheit der Mitarbeitenden und in der Wertschöpfung und Wertschätzung gleichermaßen ihren Platz haben. Eine Unternehmenskultur, die die Gesundheit und damit automatisch auch die Leistungsfähigkeit, das Firmenzugehörigkeitsgefühl und die Motivation der Mitarbeitenden im Blick hat.

„Meine konkreten Tipps, um eine Unternehmenskultur zu etablieren, die sowohl die wirtschaftliche Gesundheit der Organisation als auch die Gesundheit der Mitarbeitenden berücksichtig, sind:

- Mitarbeiter für die Vision des Unternehmens gewinnen
- Mitarbeiter an den Zielsetzungen beteiligen
- Abbau von Hierarchien und die Arbeit in themenbezogenen fachübergreifenden Teams"
  (Senior Manager in der Unternehmensberatung, 41 Jahre).

„Als Betriebswirt habe ich verinnerlicht, alles bis auf die dritte Stelle hinter dem Komma zu optimieren. Kosten senken, Gewinne steigern. Mehr, mehr, mehr ohne Ende. Meine Bitte und Hoffnung: man kann und darf als Unternehmen auch zufrieden sein" (Vertriebs-Controller, 41 Jahre).

In einer solchen Unternehmenskultur, in der Gesundheit wirklich gelebt wird und nicht nur eine Überschrift für einen neuen Trend, für eine andere Möglichkeit der Gewinnmaximierung ist, spricht man statt über Fehlzeitenmanagement lieber über Anwesenheitsmanagement.

Um diesen zugegebenermaßen etwas sperrigen Begriff mit Leben zu füllen, braucht es vor allem eins: die Überzeugung der Geschäftsführung, eine gesunde Unternehmenskultur lebendig zu gestalten, und Führungskräfte, die gesund führen.

Bevor wir genauer auf die Rolle der Führungskräfte eingehen, möchten wir zunächst auf der Organisationebene bleiben.

2.5   Verhältnisprävention vor Verhaltensprävention: eine Kulturfrage

Dieser Leitsatz gilt für jedes nachhaltige betriebliche Gesundheitsmanagement. Zunächst sollte immer versucht werden, die Arbeitsverhältnisse gesundheitsförderlich zu gestalten, bevor dann das individuelle Gesundheitsverhalten der Mitarbeitenden geschult wird.

Die Realität sieht meist leider anders aus. Messbare Verhältnisprävention bedeutet Kulturwandel. Messbare Verhältnisprävention ist teuer, aufwendig, unbequem. Was genau aber bedeutet Verhältnisprävention?

Verhältnisbezogene Maßnahmen sind beispielsweise eine gesundheitsorientierte Organisationsgestaltung mit Gesundheitszirkel und gesundheitsförderlichem Inventar, Aspekte der Lohngestaltung wie Sozialleistungen für Gesundheitskosten, Themen der Ernährung am Arbeitsplatz wie eine gesunde Betriebskantine, flexible Arbeitszeit- und -ortgestaltung, Führungskräfteentwicklung mit Coachings, ein fairer und gesundheitsförderlicher Umgang unter den Kollegen u. v. m. (Blumenthal, 2017). Auch Coachings können einen positiven Effekt in Sachen Verhältnisprävention bewirken.

Um ergonomische Verbesserungen für das gesamte Unternehmen, die Umstellung der Betriebskantine auf Brainfood statt Fastfood oder ein verbessertes Führungsverhalten nachhaltig zu etablieren, braucht es einen langen Atem, Mut und Pioniergeist. Deshalb bleibt die Verhältnisprävention häufig in den Kinderschuhen stecken.

Stehpulte für alle? Vielleicht erst einmal nur für die Chefetage und für diejenigen mit ärztlichem Attest. Gesunde Unternehmenskultur, Werteveränderung? „Das haben wir doch schon immer so gemacht", erstickt jede innovative Idee im Keim.

Zumindest was das Vertrauen in die Mitarbeitenden bei der Ortswahl für die zu erledigende Arbeit angeht, dürfte sich seit dem Quartal 2/2020 durch die Corona-Pandemie in vielen Unternehmen einiges getan haben. Gleitzeit und mobiles Arbeiten als Teil gesundheitsförderlicher Arbeitsverhältnisse dürften mittlerweile für die meisten Arbeitnehmer selbstverständlich sein.

„Eine flexible Arbeitszeit- und Arbeitsortgestaltung ist sehr wichtig zur Prävention von Erkrankungen. Das Fördern von Stärken und die Unterstützung von Schwächen z. B. durch gezielte Coachings können ebenfalls dabei helfen, ein ausgeglichenes Arbeitsklima zu erhalten"
(Dipl.-Kauffrau, 51 Jahre).

Lassen Sie uns nun einen genaueren Blick auf die Rolle der Führungskräfte bei der Burnout-Prävention werfen.

2.6 Führungskräfte: gleich dreifache Vorbildfunktion

Führungskräfte tragen eine besondere Verantwortung für die Gesundheit ihrer Teams. Sie fungieren als Vorbild in Sachen Gesundheitsverhalten, als Gestalter von Arbeitsbedingungen und direkt als Gesundheitsfaktor durch ihr Führungsverhalten.

> „Die Führungskraft hat eine wesentliche Rolle. Sie hat das Team entlassen und sämtliche Aufgaben auf mich übertragen. Ich hatte mehrmals darauf hingewiesen, dass ich „am Ende und erschöpft" sei (…) Das wurde leider ein halbes Jahr „überhört". Dann reichte ich aus gesundheitlichen Gründen meine Kündigung ein"
> (Produktmanagerin in der Pharmaindustrie, 36 Jahre).

Ein gesundheitsorientierter Führungsstil ist also Grundvoraussetzung für eine Unternehmenskultur, in der Gesundheit einen festen Platz hat. Gesund führen bedeutet, dafür zu sorgen, dass sich „alle – die Führungskraft inbegriffen – am Arbeitsplatz wohler fühlen, auch in zwischenmenschlicher Hinsicht" (Matyssek 2011, S. 5). Um gesund führen zu können, muss zunächst für das Thema sensibilisiert werden. Das geht am besten, indem die eigene Gesundheit erlebbar und spürbar gemacht wird. Denn nur wer gesund mit sich selbst umgehen kann, kann auch gesund mit seinen Mitarbeitenden umgehen. Das ist manchmal gar nicht so leicht, denn Führungskräfte sind natürlich selbst zahlreichen Arbeitsbelastungen ausgesetzt.

Vor allem auf Sandwich-Führungskräften, die für ihr Team verantwortlich sind, sich aber gleichzeitig mit den jeweils eigenen Vorgesetzten abstimmen müssen, lastet ein immenser Druck.

Deswegen arbeitet beispielsweise Dr. Anne Katrin Matyssek mit einem Baummodell, dessen Stamm die Selbstfürsorge der Führungskraft ist. Matyssek nennt dies „selfcare" und fasst unter dem Begriff z. B. die folgenden Fähigkeiten zusammen: nach Feierabend abschalten zu können, sich zu erholen und erholsam zu schlafen, Pausen gut zu gestalten u. a.

Die Blätter dieses Baummodells nach Matyssek sind sechs Themen, die dafür sorgen können, dass eine gesundheitsförderliche Arbeitsatmosphäre entstehen kann: Stressbewältigung und Ressourcenaufbau, Anerkennung und Wertschätzung, Interesse und Kontakt, Gesprächsführung und Kommunikation, Transparenz und Offenheit sowie Stimmung und Betriebsklima (Matyssek 2011, S. 5.).

Wenn Führungskräften vonseiten der Geschäftsführung zugesprochen wird, dass sie gut auf sich selbst achten dürfen, ist die Grundlage geschaffen, dass sie ihrer dreifachen Verantwortung für die Gesundheit ihrer Mitarbeitenden gerecht werden können. Dann fungieren sie automatisch als Vorbild, weil sie selbst gesund und gut mit sich umgehen. Dann haben sie durch die Legitimation der Geschäftsführung die Handhabe und die Mittel, Arbeitsplätze gesund zu gestalten – sei dies durch ausreichend Zeit für alle Belange der Mitarbeitenden oder durch finanzielle Mittel für gesundheitsfördernde Maßnahmen. Und sie sind sich bewusst, dass sie durch die Art und Weise, wie sie führen, selbst ein direkter Gesundheitsfaktor ihrer Mitarbeitenden sind und wurden geschult, wie sie dem nachkommen können.

„Die Führungskraft sollte auf Erkennungsmerkmale für Burnout geschult sein, um diesen frühzeitig erkennen und darauf reagieren zu können"
(Senior Manager in der Unternehmensberatung, 41 Jahre).

So groß die Rolle der Führungskräfte für die Gesundheit ihrer Mitarbeitenden und damit für die Gesundheit und Leistungsfähigkeit des Unternehmens ist, natürlich ist auch sie nur ein Teil des großen Ganzen. Je größer das Unternehmen, umso mehr sind die Führungskräfte den übergeordneten Strukturen unterworfen. Da kann der Wille zum gesunden Führen und das Verständnis für die eigene Führungsverantwortung noch so groß sein – das übergeordnete System hat einen riesigen Einfluss auf das Individuum. Die Möglichkeiten des einzelnen sind immer eingebettet in das System, in dem er agiert. Das gilt für alle Mitarbeitenden eines Unternehmens, von der Geschäftsführung über alle Ebenen des Managements bis hin zu jedem einzelnen Angestellten.

Um die Arbeitsfähigkeit der Mitarbeitenden zu erhalten, braucht es das Engagement und die konstruktive Zusammenarbeit beider Parteien. die der Organisation und die des Individuums.

2.7 Arbeitsfähigkeit erhalten: Organisation und Individuum sind gefragt

Juhani Ilmarinen hat 2009 zur Verdeutlichung dieses Zusammenhangs das Modell „Haus der Arbeitsfähigkeit" entwickelt. Abb. 2.4. stellt das Haus der Arbeitsfähigkeit dar.

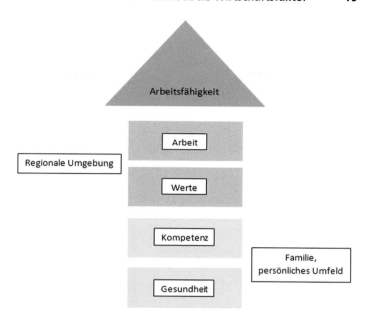

Abb. 2.4 Haus der Arbeitsfähigkeit. (Quelle: eigene Darstellung Haus der Arbeitsfähigkeit nach J. Ilmarinen (2009))

Die unteren beiden Etagen betreffen das Individuum, die oberen beiden Ebenen die Organisation.

Die individuelle Gesundheit bildet die Grundlage der Arbeitsfähigkeit. Keine Arbeitsfähigkeit ohne Gesundheit der Mitarbeiter! Diese Erkenntnis bildet die Handlungsgrundlage eines erfolgreichen betrieblichen Gesundheitsmanagements und ist liefert die Grundannahme dieses Buchs.

Die individuelle Kompetenz für den jeweiligen Arbeitsplatz auf den vier Ebenen fachlich, sozial, persönlich und methodisch bildet die 2. Etage des Hauses der Arbeitsfähigkeit.

Die 3. Etage ist die Wertehaltung des Unternehmens. Dies beinhaltet die Unternehmenskultur, das Führungsverhalten, das soziale Klima.

Die oberste Etage bilden die Arbeitsverhältnisse wie oben bereits beschrieben. Sie haben Einfluss auf die unten liegenden Stockwerke, deshalb sind sie ganz oben angesiedelt.

Das Haus der Arbeitsfähigkeit ist nicht isoliert zu sehen sondern eingebettet in das jeweilige System aus persönlichem Umfeld des Mitarbeitenden sowie die regionale Umgebung der Organisation.

Wie sieht Ihr Haus der Arbeitsfähigkeit aus? Wie ausgestaltet sind Ihre vier Etagen bereits? Was läuft bereits gut und sollte erhalten bleiben?

Wie Sie in diesem Kapitel erfahren haben, hat die Diagnose Burnout einen immensen Einfluss auf den wirtschaftlichen Erfolg Ihres Unternehmens. Wir wünschen uns, dass Sie durch unsere Erläuterungen Interesse, Mut und Rückenstärkung gefunden haben, sich innerhalb Ihrer Organisation für die Prävention von Erschöpfungszuständen einzusetzen: für den Erfolg Ihres Unternehmens, für die Gesundheit Ihrer Kolleginnen und Kollegen und nicht zuletzt auch für Ihren eigenen Erfolg und Ihre Gesundheit.

Sie wissen nun, dass der Erhalt der Arbeitsfähigkeit und die Prävention von Burnout sowohl auf der Ebene der Organisation ansetzt als auch bei der Gesundheit jedes einzelnen Mitarbeitenden.

Dieses Buch richtet sich an Sie als Individuum und hat Ihre individuelle Gesundheit im Blick. Wir möchten Ihnen die bewährten Methoden unserer Arbeit vorstellen, um mit Stress gut umgehen zu können und weiterhin fit for future zu bleiben.

3

Stress- versus Regenerationsmanagement

Abschließend werden Impulse zum ganzheitlichen Regenerationsmanagement (als Begriff versus Stressmanagement) gesetzt.

Nachdem wir im letzten Kapitel auf den Wirtschaftsfaktor der Diagnose Burnout eingegangen sind und betrachtet haben, dass sowohl die Organisationsstruktur als auch das Individuum bei der Prävention einer Überlastungsdepression eine Rolle spielen, wollen wir in diesem Kapitel die Begriffe Stress, Burnout und Regeneration mit Leben füllen.

3.1 Was ist die Ursache von Burnout?

Klar ist, dass es nicht die eine Ursache gibt. Das wäre schön, denn dann könnten wir alle diese Ursache meiden und es bräuchte dieses Buch nicht. Die Burnoutentstehung ist vielschichtig. Die Themen Organisationskultur und

M. Mallison und D. Harbs, *Burnout ist out,* Fit for Future, https://doi.org/10.1007/978-3-658-34660-7_3

Burnoutursache Arbeitsplatz haben wir bereits im ersten Kapitel diskutiert.

Darüber hinaus wird eine Reihe von Ursachen diskutiert (Peters, S. et al.: Burnout wirksam vorbeugen mit bewegungsbezogenen Interventionen? In: Bewegungstherapie und Gesundheitssport 1/2014).

> „In meinem Fall waren Burnoutursachen die verinnerlichte Kultur des „Du kannst es schaffen, wenn du nur daran glaubst" in Verbindung mit „Du kannst deine KollegInnen doch nicht im Stich lassen", „Nur ich kann das so gut" und der größte Trugschluss: „Wenn ich das Projekt X schaffe, bin ich über den Berg""
> (Vertriebs-Controller, 41 Jahre).

Grob lassen sich diese in personenbezogene Ursachen wie geringes Selbstvertrauen und geringe Widerstandsfähigkeit und arbeitsplatzbezogene Faktoren wie z. B. hohe Arbeitserwartungen und -belastungen oder auch Rollenkonflikte einteilen. Zu den Burnout begünstigenden Arbeitsplatzfaktoren gehören ebenfalls ein Gefühl von Kontrollverlust, unzureichende Belohnung, mangelnde Fairness, widersprüchliche Werte und ein Zusammenbruch der Arbeitsgemeinschaft (Maslach & Leiter, 2001, S. 41–64).

> „In meinem Fall waren Faktoren wie mangelnde Fairness und Wertschätzung hauptursächlich dafür, dass der Druck immer mehr zunahm und dann von mir nicht mehr ertragen werden konnte"
> (Dipl.-Kauffrau, 51 Jahre).

Chronischer Stress durch das anhaltende Gefühl der Hilflosigkeit aufgrund von mangelnder Zielerreichung wird laut Peters et al. immer wieder als Faktor bei der Entwicklung eines Burnouts genannt. Doch was genau ist eigentlich Stress?

3.2 Überlebensstrategie: Stress evolutionär gesehen

Was ist eigentlich Stress, wo kommt er her? Seit wann gibt es Stress? Was hat es medizinisch gesehen auf sich mit dem Stress? Ist er für irgendetwas gut?

Unser Körper ist ein hochentwickeltes System fein aufeinander abgestimmter biochemischer, neurologischer, mechanischer Prozesse und Funktionseinheiten, optimiert und perfektioniert über Jahrmillionen und hervorragend ausgestattet für unsere Lebensbedingungen als *Homo sapiens.*

Moment – weshalb rafft es dann so viele von uns erschöpfungsbedingt darnieder? Bei unseren steinzeitlichen Vorfahren war „Burnout" ja wohl kein Thema?!

Lassen Sie uns eine kleine Zeitreise machen.

Der *Homo erectus,* Vorfahre des *Homo sapiens,* gilt als erste Menschenart, die vor 1,9 Mio. Jahren begann, Europa und Asien zu besiedeln. Sein Alltag bestand vor allem aus Jagen und Sammeln. Nahrung zu finden und sich gegen die Gefahren der Natur zu behaupten, also schlicht zu überleben, waren sein vordergründigen Lebensinhalte. Um ausreichend Nüsse, Beeren, Früchte und Samen zu finden und mit Glück mal ein Wildtier zu erlegen, legte er täglich weite Strecken zurück. Distanzen eines Marathons, also von rund 40 km, waren dabei keine Seltenheit.

Natürlich hatte er auch Feinde, die ihm wiederum an den Kragen wollten, um ihr eigenes Überleben zu sichern.

Wenn unser Vorfahr nun in einen lebensbedrohlichen Kampf mit dem Säbelzahntiger geriet, wie reagierte er wohl? Angreifen? Weglaufen? Totstellen? Je nach Typ reagierte unser Vorfahr intuitiv in einem dieser drei Muster.

Fight – Flight – Freeze. Angriff, Flucht, Erstarren. Jeder von uns tendiert heute in Stresssituationen in eine dieser

Richtungen. Diese Stressmuster sind seit Jahrmillionen tief in jedem von uns verankert. Und das ist auch gut so! Hätte unser Vorfahr dem Säbelzahntiger vertrauenselig die Hand hingehalten, um ihn zu kraulen, gäbe es uns als Art heute wohl nicht mehr. Stress war überlebenswichtig!

3.3 Ohne nachzudenken: automatisiertes Stressprogramm des Körpers

Unser vegetatives Nervensystem, also der Teil des Nervensystems, der für alle unbewusst gesteuerten Organfunktionen wie Atmung, Herzschlag, Blutdruckregulierung und Verdauung, aber auch gewisse Verhaltensmuster zuständig ist, ist optimal auf diese lebensbedrohliche Situation vorbereitet. Sympathikus und Parasympathikus als Spieler und Gegenspieler sind für Anspannung und Alarmbereitschaft bzw. Entspannung und Regeneration zuständig. Idealerweise befindet sich das vegetative Nervensystem durch einen gesunden Wechsel im Leben aus Anspannung und Entspannung im Gleichgewicht.

Bei dauerhaft negativem Stress kann die Balance jedoch gestört werden, es entsteht eine sogenannte vegetative Dysregulation. Eins der beiden Systeme tritt dann in den Vordergrund. Welches das ist, ist abhängig von genetischer Disposition, Lernerfahrung und Dauer und Art des Stressors (AHAB-Akademie, 2014, S. 18).

> „Mein Körper reagierte mit massiven Schlafstörungen, Beschwerden im Magen-Darm-Bereich und Schuppenflechten"
> (Dipl.-Kauffrau, 51 Jahre).

Der Sympathikus macht uns bereit für Angriff bzw. Flucht: Die Atmung wird schneller, ebenso wie die Herzfrequenz. Der Blutdruck steigt und die Verdauung pausiert, schließlich ist ein aktiver Magen-Darm-Trakt in einer solchen Situation äußerst unpassend. Die Muskulatur spannt sich an, jederzeit bereit, loszurennen, um uns in Sicherheit zu bringen. Wir verfügen über eine bessere Reaktionsfähigkeit und nehmen wenig von unserer Umgebung wahr – es überwiegt der Tunnelblick auf die aktuelle Gefahrensituation. Entscheidungen werden intuitiv getroffen und nicht wohlüberlegt und konstruktiv analysiert, denn dafür fehlt in einer Gefahrensituation schlicht die Zeit.

Der Parasympathikus hingegen ist der Entspannungsnerv. Er verlangsamt Atmung und Herzfrequenz, entspannt die Muskulatur und regt die Verdauung an.

Nach diesen Mechanismen reagiert unser Körper auch heute noch in Stresssituationen. Für ihn ist die Steinzeit erst einen Wimpernschlag her. Was sind schon gut 100 Jahre relative Sicherheit seit Beginn der Industrialisierung um 1900 im Vergleich zu Jahrmillionen Entwicklungsgeschichte als Jäger und Sammler unter widrigsten Bedingungen?

Unser Körper mit all seinen Bedürfnissen und Fähigkeiten ist steinalt!

Wir sind heute in Stresssituationen immer noch programmiert wie vor Jahrmillionen. Auch, wenn es mittlerweile in unseren westlichen Lebenswelten bis auf seltene dramatische Ereignisse wie schwerwiegende Erkrankungen oder Unfälle keine lebensbedrohlichen Situationen mehr gibt. Für die Nahrungsaufnahme brauchen wir keine weiten Strecken mehr zurücklegen, wir gehen bzw. fahren mit dem Auto einfach zum nächsten Supermarkt. Auch gegen Fressfeinde wie den Säbelzahntiger müssen wir uns nicht mehr behaupten. Unsere

Stressoren haben sich verändert, unsere Reaktionsmuster nicht.

3.4 Uralte Muster: die drei Stresstypen

Das ist auch der Grund, warum wir heute in stressigen Situationen immernoch mit typischen Symptomen aus den Grundmustern Fight – Flight – Freeze reagieren. Selbstverständlich entscheidet sich niemand bewusst für sein Verhalten, für seine Stresssymptome. Jeder von uns folgt weitestgehend einem vorprogrammierten Muster, das sich verschiedenen Stresstypen zuordnen lässt.

> „Ich reagiere mit Angriff. Ich werde in stressigen Situationen ruhig und bin sehr kurz angebunden. Ich versuche die Ursache des Stresses schnellstmöglich abzustellen" (Senior Manager in der Unternehmensberatung, 41 Jahre).

Welche Reaktionen kennen Sie von sich selber oder von Ihren Mitmenschen in Stresssituationen? Bestimmt kommt Ihnen von folgenden typischen Stressmustern etwas bekannt vor:

Werden Sie eher laut und aggressiv, sagen vielleicht Dinge, die Sie „eigentlich gar nicht so meinen"? Oder ziehen Sie sich eher zurück, werden still?

Essen Sie mehr als sonst oder kriegen Sie kaum einen Bissen herunter?

Werden Sie nervös, unkonzentriert und unaufmerksam?

Typische Muster an sich selbst und an seinen Mitmenschen zu kennen und zu erkennen schafft Verständnis und legt die Grundlage für einen gesunden Umgang miteinander.

Je nachdem, ob in dauerhaften Stresssituationen bei einer vegetativen Dysregulation eher der Sympathikus oder der Parasympathikus dominiert, fallen die Ausprägungen der Stresstypen unterschiedlich aus. In den seltensten Fällen sind wir komplett einem Stresstyp zuzuordnen, sondern zeigen Reaktionen aller Typen.

In der Literatur gibt es verschiedene Klassifikationen von Stresstypen, wir stellen Ihnen hier folgende drei in den Tab. 3.1, 3.2 und 3.3 vor:

Tab. 3.1 Die verschiedenen Stresstypen: Typ A/ (Sympathikotoniker). (Quelle: eigene Darstellung in Anlehnung an AHAB-Akademie 2014, S. 17–20)

Stress entsteht…	…wenn der Abbau aggressiver Antriebe blockiert wird
Person ist…	…nervös, temperamentvoll, unbeherrscht, lässt Frust an anderen aus
Körperliche Reaktionen	Vermehrte Ausschüttung von **A**drenalin und Noradrenalin aus dem Nierenmark
	Erhöhte Herzaktivität und somit Erhöhung des Blutdruck und der Herzfrequenz
	Erhöhte Körpertemperatur und somit Schweißbildung
	Verminderung der Verdauungsaktivität mit reduzierter Darmbewegung, mangelnder Speichelbildung und reduzierter Insulinfreisetzung
	Erhöhter Energiebedarf für Stresssituation wird aus Stärke, Fett und Proteinen gewonnen, Blutzuckerspiegel steigt
Psychosomatische Reaktionen	Migräne
	Bluthochdruck
	Arteriosklerose
	Diabetes
	Rheuma
	Überfunktion der Schilddrüse
	Herz-Kreislauf-Erkrankungen (Herzinfarkt)

Tab. 3.2 Die verschiedenen Stresstypen: Typ B bzw. C/ (Vagotoniker). (Quelle: eigene Darstellung in Anlehnung an AHAB-Akademie 2014, S. 17–20)

Stress entsteht…	… wenn hilfesuchende Bestrebungen blockiert werden
Person ist…	… defensiv, geschockt, traurig, zieht sich zurück, frisst Belastungen in sich hinein
Körperliche Reaktionen	Vermehrte Ausschüttung von Glukokortikoiden wie Cortisol aus der Nebennierenrinde
	Erhöhte Speichel- und Magensaftbildung durch gesteigerte Aktivität des Verdauungstraktes
	Blutdrucksenkung mit kalten Händen und Füßen
	Schwächung des Immunsystems sowohl durch Hemmung der Abwehrreaktion als auch der Antikörper
Psychosomatische Reaktionen	Erschöpfungszustände
	Geringe Leistungsfähigkeit
	Asthma
	Niedriger Blutdruck
	Magen-Darm-Erkrankungen (Geschwüre, Durchfall, Verstopfungen, Blähungen)
	Neigen zu depressivem Verhalten
	Krebserkrankungen

Tab. 3.3 Die verschiedenen Stresstypen: Typ G/(Gesundheitstyp). (Quelle: eigene Darstellung in Anlehnung an AHAB-Akademie 2014, S. 17–20)

Stress entsteht…	…divers
Person ist…	… in der Lage, durch angeborene oder erworbene Stressbewältigungsstrategien positiv mit Stresssituationen umzugehen
Körperliche Reaktionen	Divers, gering bis gar nicht ausgeprägt
Psychosomatische Reaktionen	Divers, gering bis gar nicht ausgeprägt

3.5 Stresssymptome rechtzeitig erkennen

Gemeinsam ist uns allen, dass sich Stress auf mehreren Ebenen bemerkbar macht, wenn auch in unterschiedlichen Ausprägungen. Nach Kaluza (2005, S. 11/12) bewirkt dauerhaft negativer Stress Veränderungen in folgenden drei Bereichen:

1. Körper
2. Verhalten
3. Emotionen und Kognitionen

„Es ist einfach so wichtig, die Warnsignale des Körpers rechtzeitig zu erkennen und nicht zu lange zu ignorieren, bevor der Abwärtstrend zu groß wird, um es allein rauszuschaffen"
(Dipl.-Kauffrau, 51 Jahre).

1. Körper
Die körperlichen Symptome sind den meisten von uns geläufig. Sie sind eindeutig und schwer zu ignorieren: Ein dauerhaft zu hoher Ruhepuls (über 80 Schläge pro Minute), zu hoher Blutdruck (über 140/90 mmHg), verspannte Muskulatur, vor allem im Schulter-Nacken-Bereich, eventuell mit daraus resultierendem Zähneknirschen oder Spannungskopfschmerz sprechen eine eindeutige Sprache. Eine erhöhte Infektanfälligkeit, Verdauungsprobleme, Ohrgeräusche und Schlafstörungen ebenfalls. Auch ein gestörter Stoffwechsel, Tumorwachstum, Hautirritationen, ein erhöhtes Schmerzempfinden sowie Impotenz und eine geringere Fruchtbarkeit werden mit dauerhaft zu hohem Stress

assoziiert (AHAB-Akademie, 2014, S. 15). Diese Symptome, vor allem in Kombination miteinander, sollten sehr ernst genommen werden, es besteht dringender Handlungsbedarf!

Denn wenn körperliche Stressanzeichen entstehen, sind die Stressreaktionen auf mentaler und auf behavioraler Ebene mit hoher Wahrscheinlichkeit bereits vorausgegangen, eventuell ohne dass Sie es bemerkt haben. Körperliche Anzeichen sind also „Alarmstufe Rot".

2. Verhalten

Das eigene Verhalten zu reflektieren und Veränderungen wahrzunehmen, die auf eine erhöhte Stressbelastung hindeuten, ist schon wesentlich schwieriger.

Grundsätzlich gilt immer: Besondere Aufmerksamkeit ist geboten, wenn sich das eigene Verhalten (oder auch das des Partners, der Freunde, der Kinder, der Kollegen, des Chefs) über längere Zeit vom eigentlich typischen, vom „normalen" Verhalten unterscheidet. Wenn also beispielsweise ein in sich ruhender Kollege laut und aggressiv wird und seine Mitmenschen im Gespräch unterbricht. Oder wenn ein geselliger und kommunikativer Freund sich immer seltener meldet und Einladungen ablehnt, sich zurückzieht. Wenn Sie sich dabei ertappen, dass aus dem Glas Wein oder zwei am Samstag Abend auf einmal täglich drei Gläser Wein werden, damit Sie „runterkommen" (gleiches gilt natürlich auch für andere Suchtmittel wie Zigaretten, Medikamente oder das Handy). Wenn Sie beobachten, dass ein Partner, der eigentlich immer einen gesunden, normalen Appetit hatte, auf einmal kaum mehr isst oder auch übermäßig viel isst. Wenn Ihr eigentlich bestens organisierter Chef den Fokus verliert, sich verzettelt, Dinge vergisst, ohne Struktur vorgeht.

Wenn Ihnen solche Verhaltensmuster an sich selbst auffallen, ist besonders Wachsamkeit geboten und Sie sollten dringend analysieren, was gerade schief läuft, um etwas ändern zu können. Wenn Ihnen Veränderungen an Ihren Mitmenschen auffallen, dann sollten Sie selbstverständlich ebenfalls handeln und wohlwollend, ohne erhobenen Zeigefinger, Unterstützung und ein offenes Ohr anbieten. Vielleicht finden Sie gemeinsam Lösungsansätze oder organisieren, je nach Verhältnis zueinander und je nach Schweregrad der Situation, professionelle Hilfe.

Der Verhaltensveränderung ist meistens schon die Veränderung der eigenen Gefühle vorausgegangen. Die Veränderung der behavioralen Ebene ist „Alarmstufe Gelb".

3. Emotionen und Kognitionen

Stecken wir dauerhaft in zu hohen Stressbelastungen fest, verändern sich meist zuallererst unsere Gefühle und Gedanken. Glaubenssätze, unsere innere Haltung zu gewissen Dingen und unsere Motive können Stressfaktoren massiv beeinflussen – positiv und negativ. Diese verdeckte Ebene liegt unserem offensichtlichen Verhalten zugrunde. Leider bedarf es einer sehr gut ausgeprägten Selbstreflexion, um Veränderungen dieser Ebene an sich selbst wahrzunehmen. Ein nächster schwerer Schritt ist, sie zu akzeptieren und vor allem entsprechende Konsequenzen daraus zu ziehen und etwas an der aktuellen Situation zu verändern.

Typische stressbedingte Veränderungen von Emotionen und Kognitionen sind Versagensängste, ein vermindertes Selbstwertgefühl, Gefühle von Kontrollverlust und Hilflosigkeit, Konzentrationsschwierigkeiten bis hin zu Blackouts. Viele Menschen fühlen sich innerlich unruhig und nervös und stecken in negativen und destruktiven Gedankenspiralen fest.

Abb. 3.1 Die umgekehrte Reihenfolge von Auftreten und Wahrnehmung der Stresssymptome. (Quelle: eigene Darstellung)

Nimmt in dieser ersten Phase der Stressentstehung die Erkenntnis zu, das etwas nicht stimmt, bestehen sehr gute Chancen auf Besserung der Situation. Denn diese Ebene ist den beiden weiteren vorgeschaltet, es herrscht erst „Alarmstufe Grün". Abb. 3.1. veranschaulicht dies.

„Meine Warnsignale sind: wachsende Aggressivität meinen Mitmenschen gegenüber (vor allem als Radfahrer gegenüber anderen Verkehrsteilnehmenden) sowie die wachsende Schwere im Kopf , dem Vorabsignal einer depressiven Episode"
(Vertriebs-Controller, 41 Jahre).

Die eigenen Stresssymptome kennen und rechtzeitig erkennen ist also eine wichtige Kompetenz in der Prävention von Erschöpfungszuständen. Nur so können Sie rechtzeitig die Reißleine ziehen.

Ein anderer Ansatz, um Stress zu reduzieren, ist der ressourcenorientierte Ansatz. Man schaut aus einer anderen Perspektive auf die gleiche Situation und betreibt quasi „Regenerationsmanagement" statt „Stressmanagement". Regenerationsmanagement hat das Ziel, die eigenen Ressourcen und die des Systems zu aktivieren, um gesund aus der Stresssituation hervorzugehen.

3.6 Regenerationsmanagement auf vier Ebenen

Die erste Frage, die Sie sich in Stresssituationen vermutlich intuitiv stellen, ist, ob sich der stressauslösende Faktor – der Stressor – reduzieren bzw. vermeiden lässt. Oft ist die Deadline aber nicht verhandelbar, der Kollege bleibt krank und Sie müssen sein Projekt mit übernehmen, die Führungskultur Ihrer Organisation ist rigide und bleibt wenig gesundheitsförderlich. Kurz – Sie können dem Stressor nicht aus dem Weg gehen. Oder vielleicht liegt die Ursache auch ganz woanders?

> „Wenn sich ein Erschöpfungszustand anbahnt, beobachte ich ob die vier Säulen, auf denen mein Leben aufgebaut ist, im Gleichgewicht stehen. Diese Säulen sind Familie, ich selbst, Freunde und Arbeit. Wenn ich erkenne, dass eine der Säulen vernachlässigt wird, versuche ich das wieder auszugleichen"
> (Senior Manager in der Unternehmensberatung, 41 Jahre).

Wenn Sie dem Stressor nicht aus dem Weg gehen können, bleiben Ihnen folgende Optionen:

Die eine Option ist die der Verhaltensänderung. Was können Sie anders machen? Können Sie sich Unterstützung holen? Können Sie Aufgaben deligieren? Können Sie selbst sich für Ihre Kollegen gesundheitsförderlicher, kollegialer, kooperativer verhalten und darauf hoffen, dass Sie als Dank wertschätzendes Verhalten und Entlastung zurückerhalten?

Die zweite Option ist die der Haltungsänderung. Oft hilft es enorm, an der inneren Einstellung zu arbeiten, um den Stressor anders zu bewerten. Ihn nicht als Bedrohung, sondern als Herausforderung wahrzunehmen. Gelingt es Ihnen, die Situation aus einer anderen Perspektive zu betrachten? Welche neuen Denkmuster können Ihnen Entlastung verschaffen? An wem könnten Sie sich ein Beispiel nehmen, was die Einstellung zum Stressor angeht? Wann haben Sie es in der Vergangenheit schon einmal geschafft, eine vergleichbare Situation gelassener zu sehen? Welche Qualität von damals könnte Ihnen auch heute dabei helfen?

Denn es ist nie der Stressor alleine, der uns stresst. Es ist unsere eigene Bewertung der Situation und die Frage, ob wir Möglichkeiten und Handwerkszeug, also Ressourcen haben, der Situation mit Gelassenheit zu begegnen. Das ist auch der Grund, weshalb die gleiche Situation den einen von uns völlig kalt lässt und den anderen auf die Palme bringt. Halten wir also fest: Stress entsteht im Kopf! Gelassenheit beginnt ebenfalls im Kopf!

Eine weitere Option, die immer zusätzlich ihren Platz finden sollte, ist der körperliche Stresssabbau. Laut Busch (2017, S. 100) ist Stress ein hochgradig körperliches Phänomen. Das ist in der tief liegenden evolutionär bedingten Programmierung unseres Körpers begründet. Unsere Problemlösemuster sind ebenfalls körperlich programmiert. Über die tiefe Bauchatmung, wie sie im autogenen Training praktiziert wird, wird beispielsweise der Parasympathikus aktiviert, das vegetative Nervensystem entspannt sich. Bei körperlicher Bewegung, wie der Joggingrunde nach Feierabend, wird durch den über Tag aufgestauten Stress Kortisol und Adrenalin abgebaut. Solche körperlichen Ressourcen sind Gold wert! Es entsteht jedoch bei vielen Menschen ein gesundheitliches Dilemma, da unser Alltag in den westlichen Leistungsgesellschaften so wenig körperlich und intuitiv und so sehr sitzend und rational ausgerichtet ist, dass unsere steinalten Problemlösemuster wirkungslos werden, weil sie nicht mehr intuitiv anwendbar sind. Busch drückt es folgendermaßen aus: „Während die Anforderungen des Alltags zunehmend nach „körperlosen", vom bewussten Verstand geleiteten Reaktionen verlangen, werden immer mehr die alten biologischen „Problemlösemuster" aktiviert, die letztlich alle auf Bewegung hinaus laufen. Gleichzeitig schrumpft das Repertoire an differenzierten körperlichen Reaktionsweisen im Gehirn, ohne dass an die heutigen Anforderungen angepasste Muster in Sicht sind. Die Folge: Der durch die Umstände biologisch höchst aktivierte und gleichzeitig durch soziale Verhaltensweisen gehemmte Organismus wird krank, im weitesten Sinn des Wortes ein Teufelskreis, der u. a. in der extremen Zunahme von Diagnosen wie „Burn-out" (…) seinen Ausdruck findet." (Busch, 2017, S. 100).

> „Wenn sich ein Erschöpfungszustand anbahnt, ist vor allem wichtig, rechtzeitig zu reagieren. … Die Beantwortung der Frage, was tut mir eigentlich gut und was hilft mir, stärker zu werden, ist entscheidend" (Dipl.-Kauffrau, 51 Jahre).

Sie haben in diesem Kapitel einen Überblick erhalten, wie Stress evolutionär gesehen zu bewerten ist, auf welchen Ebenen sich Stress bemerkbar macht, welche Stresstypen es gibt und wie sie selbst an sich die ersten Warnsignale erkennen können. Sie haben Impulse erhalten, auf welchen vier Ebenen Sie Stresssituationen begegnen können.

Abschließen möchte ich dieses Kapitel mit einer Analogie aus der Trainingswissenschaft: Leistungssportler haben die Erkenntnis verinnerlicht, dass Leistungszuwachs in den Trainingspausen entsteht. Kein Weltklassesportler würde die von ihm erwartete Leistung erbringen können, wenn er keine Trainingspausen machen würde. Das können wir von Profisportlern lernen, denn dieser

Trainingsgrundsatz gilt grundsätzlich für den Menschen: Es ist ein Irrglaube, dass wir beim Pausemachen Zeit verschwenden und dass wir produktiver sind, wenn wir durcharbeiten – tagsüber, nach Feierabend, am Wochenende, im Urlaub.

Es würde uns gut tun, wenn wir ebenfalls verinnerlichen würden:

$$success = work + rest$$

4

Ihr Investment in Ihre gesunde Zukunft

Im vorangegangenen Kapitel haben wir die Begriffe
Burnout, Stress und Regeneration näher beleuchtet. Sie
haben nun einen guten Überblick über die uralten Stressmuster Fight – Flight – Freeze und wissen, wie Sie Warnsignale rechtzeitig erkennen können, um die Notbremse
zu ziehen. Zusätzlich haben Sie Input zu Strategien des
Regenerationsmanagements erhalten.

Vielleicht denken Sie sich nun: „Das tun, was mir gut
tut, ist leichter gesagt als getan! Wann denn bitteschön?!"
Selbst wenn man weiß, was einem gut tut und Kraft
gibt, stecken wir häufig zu sehr in unserem Hamster-
rad fest. Uns fehlt die Kraft oder der Mut, auf das eigene
Bauchgefühl zu hören, einen gesunden Egoismus zu ent-
wickeln und zu uns selbst und zu allen anderen zu sagen
„Halt! Stopp! Jetzt bin ich dran." NEIN sagen zu anderen
bedeutet aber JA sagen zu sich selber, zu Ihrer Gesundheit,
zu Ihrer Leistungsfähigkeit und Vitalität auch in Zukunft.

© Der/die Autor(en), exklusiv lizenziert durch Springer   **37**
Fachmedien Wiesbaden GmbH, ein Teil von Springer Nature 2021
M. Mallison und D. Harbs, *Burnout ist out,* Fit for Future,
https://doi.org/10.1007/978-3-658-34660-7_4

In entscheidenden Momenten NEIN zu sagen ist eine Investition in Ihre Zukunft!

Aber warum fällt es uns häufig so verdammt schwer, uns abzugrenzen, rechtzeitig die Reißleine zu ziehen? Und wieso kommen wir überhaupt immer öfter in Situationen, in denen wir das müssen und leben nicht in einem Umfeld, das mehr Kongruenz mit unseren eigenen Bedürfnissen hat?

Dieses Kapitel beginnt mit einem gedanklichen Exkurs zu unserer aktuellen westlichen Lebenswelt und der Frage, wie artgerecht wir leben. Im Anschluss erhalten Sie quasi als „Hilfe zur Selbsthilfe" einen Selbstcheck und ressourcenaktivierende Fragen und lernen zwei Methoden aus dem Systemischen Coaching kennen, die sehr kraftvoll wirken bei Themen, die zu tun haben mit „sich abgrenzen", „Nein sagen" und der Frage, ob die eigenen Werte mit denen des Unternehmens, in dem man arbeitet, zusammen passen. Lernen Sie, öfters JA zu dem zu sagen, was Ihnen gut tut und investieren Sie so in Ihre Zukunft! Das ist Teil Ihrer Altersvorsorge!

Den Abschluss dieses Kapitels bildet ein Exkurs zum Thema Resilienz.

4.1   Bietet unsere Arbeitswelt eine artgerechte Haltung?

Wir haben verlernt, uns selbst eine „artgerechte Haltung" zu gönnen. Da wir oft in einem Umfeld leben, dass dies schlichtweg nicht ermöglicht.

Eine „artgerechte Haltung" unserer selbst, die den Ursprüngen unserer Spezies als homo sapiens nahe kommt, wäre in der Regel deutlich mehr Bewegung an der frischen Luft als unser heutiger Alltag uns erlaubt und gleichzeitig weniger Zeit, die wir im Sitzen und drinnen verbringen. Wir würden weniger Zeit verbringen mit Dingen, die unseren Lebensunterhalt sichern sollen und die wir eigentlich nicht gerne tun. Wir hätten stattdessen mehr Zeit für Müßiggang. Zeit, in der die Gedanken sich frei bewegen dürfen, in der wir auch mal eine gewisse gedankliche Leere zulassen können und Raum ist für neue Perspektiven und Ideen. Wir hätten als soziales Wesen, das auf andere seiner Art angewiesen ist, mehr Zeit für inspirierende Geselligkeit. Wir wären aufgehoben in einem großen stabilen Netz unserer Familie und Freunde mit vielen helfenden Händen in unmittelbarer Nähe und nicht in unserer Kleinfamilie auf uns allein gestellt, nahestehende Menschen mehrere Autostunden von uns entfernt.

Leider bietet uns das Setting unseres westlich-industrialisierten Lebens dank der technischen Entwicklung des vergangenen Jahrhunderts neben vielen Vorteilen auch einige ungesunde Nachteile. Wir steigen morgens ins Auto oder in die Bahn, fahren so sitzend zur Arbeit, verbringen dort acht bis zehn Stunden ebenfalls meist sitzend vor dem Bildschirm, umgeben von Menschen, die uns nicht nahestehen, beschäftigt mit Themen, für die wir nicht brennen. Dann geht es wieder mit Auto oder Bahn nach Hause, das Arbeitshandy immer noch dabei. Kaum Zeit für Familie und Freunde geschweige denn für uns selbst. Das Wetter bekommen wir höchstens in der App, in der Tagesschau und am Wochenende mit. Wir ernähren uns von industriell verarbeiteten, nährstoffarmen Lebensmitteln und wissen mitunter nicht mehr, welches Gemüse zu dieser Jahreszeit in unseren Breitengraden eigentlich gut gedeiht und uns deshalb viel besser bekommen würde.

Das ist natürlich ein wenig plakativ formuliert. Nicht alles davon trifft auf jeden von uns zu. Aber Tendenzen findet wohl jeder in sich wieder.

Fakt ist aber, dass unser westlicher Lebensstil auf Dauer gesundheitliche Folgen mit sich bringt. Nicht umsonst heißen „Zivilisationserkrankungen" so, wie sie heißen. Sie sind ein Problem der Neuzeit, der zivilisierten Industriegesellschaften. Unsere Vorfahren in der Steinzeit hatten sicher ein hartes Leben, das gekennzeichnet war von Krankheiten, Konflikten und einer deutlich geringeren Lebenserwartung als heute. Aber die Kehrseite unseres technischen Fortschritts sind eben diese Zivilisationserkrankungen wie krankhaftes Übergewicht, Bluthochdruck, Diabetes mellitus, Fettstoffwechselstörungen, vegetative Dysregulation, Depression, Burnout.

Sie kennen den Spruch „Wer die Qual hat, hat die Wahl." Viel zu häufig meinen wir, wir müssten etwas tun. Für den Chef, für das Team, für die Familie, für die Freunde, für die Bank. Aber ist das wirklich so? Wir müssen viel weniger, als wir denken. Viele Ansprüche, die vermeintlich von außen kommen, sind hausgemacht von uns selbst. Und – wir haben immer die Wahl. Viele Facetten von dem Leben, das wir leben, können wir beeinflussen. Wer sagt, dass wir in der Karriereleiter immer weiter nach oben steigen müssen? Wer sagt, dass wir das neueste Auto fahren und die schickste Wohnung im hippsten Stadtteil bewohnen müssen? Wer sagt, dass unsere Kinder ständig neue Markenklamotten brauchen? Wenn wir uns zum Sklaven unserer eigenen Ansprüche – oder noch schlimmer der unserer Vorgesetzten, Partner, Freunde, Eltern – machen lassen, obwohl wir statt viel Geld und kaum Zeit lieber etwas weniger Geld und dafür mehr Zeit für Dinge hätten, die uns wirklich wichtig sind, haben wir eindeutig die falsche Wahl getroffen. Sicher, optimal wären genug Zeit und genug Geld. „Genug" ist eine Frage der Betrachtung. Dass wir ab einem gewissen Gehalt nicht entspannter und glücklicher werden, wenn wir noch mehr verdienen würden, ist mittlerweile bekannt. Dankbarkeit und Demut für das, was man hat, entspannt und lässt einen die kleinen Dinge genießen.

Sie brauchen nicht gleich Ihren Job kündigen. Fangen Sie klein an. Mit kleinen netten Aufmerksamkeiten für sich selbst im Alltag. Mehr von dem, was Ihnen gut tut.

> „Gerade wenn man das Gefühl hat, dass man sich aktuell keine Pause mehr leisten kann und im Hamsterrad steckt, genau dann eine Pause machen und innehalten. Frei nach dem Zitat ‚Wenn du es eilig hast, gehe langsam‘"
> (Produktmanagerin in der Pharmaindustrie, 36 Jahre).

Öfter mal „Nein" zu sagen zu Dingen, die einem nicht gut tun, und den Mut auzubringen, einen gesunden Umgang mit sich selbst zu pflegen, ist am Anfang wahnsinnig anstrengend. Auf Dauer aber ist es befreiend und ein wahrer Ressourcenboost. Und: Es ist der erste Schritt zu mehr Gelassenheit, zu mehr Leistungsfähigkeit und Vitalität. Erst wenn Sie mehr von dem tun, was Ihnen gut tut, ermöglichen Sie sich selbst, Ihr volles Potenzial zu entfalten, freie Entscheidungen zu treffen und Ihre Gesundheit zu schützen! Und da haben schließlich nicht nur Sie etwas davon, sondern auch ihre Familie, Ihre Kollegen, Ihr Unternehmen.

> „„Nein" sagen können; ein schwer zu erlernendes Instrument. Es geht nicht darum, zum Neinsager zu werden, sondern darum, sich abzugrenzen, um sich zu schützen" (Dipl.-Kauffrau, 51 Jahre).

Lassen Sie uns nun gemeinsam den Selbstcheck machen: Wie artgerecht leben Sie? Wie können Sie Ihre Ressourcen aktivieren und Kräfte wecken, die in Ihnen schlummern? Wenn Sie danach weiter in die Tiefe gehen möchten, lernen Sie zwei Methoden aus dem Systemischen Coaching kennen, die Ihnen helfen können bei der Selbstklärung zu Themen wie „sich abgrenzen", „Nein sagen" und der Frage, ob Ihre eigenen Werte mit denen des Unternehmens, in dem Sie arbeiten, zusammen passen. Das sind essenzielle Themen auf dem Weg in eine gesunde Zukunft, in der Sie langfristig Ihr volles Potenzial ausschöpfen; damit Sie für das brennen können, was für Sie sinnstiftend und lohnend ist, was Sie langfristig glücklich macht und gesund erhält und damit Sie nicht Ihre Potenziale für andere verschwenden, die Sie langfristig krank und unzufrieden machen.

Ein Hinweis, bevor Sie das Gedankenexperiment der zwei Methoden aus dem Coaching beginnen: Auf optimale Weise wirken diese zwei Methoden selbstverständlich mit der Moderation eines ausgebildeten Systemischen Coaches. Dafür sind diese Methoden entwickelt. Ihr Coach begleitet Sie wertschätzend und in Ihrem Tempo in Ihrem Selbstklärungsprozess. Die Erwähnung in diesem Buch dient lediglich dazu, Ihnen einen ersten Eindruck der Arbeitsweise des Systemischen Coachings zu vermitteln. Und nun: Viel Freude mit dem Selbstcheck!

4.2 Selbstcheck: Erlauben Sie sich eine *artgerechte Haltung*?

Ein Auto braucht regelmäßige Pflege, Inspektionen und hochwertiges Motoröl, um funktionsfähig zu bleiben. Es muss gefahren werden, um nicht einzurosten.

Wir Menschen brauchen ebenfalls gewisse Umgebungsfaktoren, um unser Potenzial langfristig voll entfalten zu können und gesund zu bleiben: Dazu gehören regelmäßige „Wartungen", sprich ärztliche Check-ups und Pflege in Form von vitalisierender Ernährung, ausreichend Bewegung und Entspannung und von vielen weiteren Dingen, die uns gut tun – eine artgerechte Haltung eben.

„Ich darf nie akzeptieren, dass ein Job mehr Last als Freude für mich bedeutet. Ich muss für mich analysieren, was mir Freude bereitet und darauf meine Energie verwenden. Ich muss den Mut und das Vertrauen aufbringen, mein Verhalten dem Team gegenüber transparent zu machen"
(Senior Manager in der Unternehmensberatung, 41 Jahre).

Wie sieht Ihr typischer Tagesablauf aus? Nehmen Sie ihn ruhig einmal genauer unter die Lupe und schreiben ihn auf. Haben Sie dabei im Blick, wie abwechslungsreich Ihr Tag in Bezug auf Ihr Bewegungs- und Entspannungsverhalten und auf andere Aktivitäten, die Ihnen gut tun, ist, wie Sie sich bei den einzelnen Tagesordnungspunkten fühlen und – falls Sie ein negatives Gefühl mit der Aktion assoziieren – was Ihnen Ihre Erfahrung sagt, was Ihnen eigentlich besser bekommen würde. Überlegen Sie auch, was genau Sie in diesem Fall daran hindert, Ihre Erfahrung zu nutzen und dem nachzukommen, was Ihnen guttut.

Nutzen Sie dafür z. B. Tab. 4.1.

Und? Was haben Sie festgestellt? Alles verläuft so, wie Sie es sich wünschen? Dann sind Sie ein Glückspilz und wissen das sicherlich sehr zu schätzen.

Tab. 4.1 Tagesprotokoll *artgerechte Haltung*. (Quelle: eigene Darstellung)

Tageszeit	Tätigkeit (sitzend, stehend, gehend, liegend)	Gefühl falls negativ →	Was würde mir besser bekommen?	Was hindert mich daran, dem nachzugehen?

Sollten Sie aber zu dem Ergebnis gekommen sein, dass es viele Situationen gibt, die Ihnen ein ungutes Bauchgefühl, inneren Widerstand oder Unwohlsein bescheren, dann möchte ich Sie einladen, sich auch die folgenden Fragen zu stellen. Es sind ressourcenorientierte Fragen, wie sie im Systemischen Coaching ganz typisch sind. Sie wirken noch stärker, wenn Sie die Antworten schriftlich fixieren.

Stellen Sie sich die folgenden Fragen in Bezug auf Ihre allgemeine Situation, dass Sie soeben festgestellt haben, dass Sie in Ihrem Alltag nicht genug von dem tun, was Ihnen gut tut.

Versuchen Sie, die Fragen möglich konkret zu beantworten. Tab. 4.2. hält einen Fragenkatalog für Sie bereit:

Ich hoffe, dass Sie mit diesen Fragen schon wertvolle Erkenntnisse erlangen konnten, was Sie brauchen, um

Tab. 4.2 Ressourcenaktivierende Fragen zum Erhalt Ihrer Gesundheit. (Quelle: eigene Darstellung)

Wann war es schon einmal anders?
Wie haben Sie sich damals gefühlt?
Welche Qualität hat Ihnen damals geholfen, mehr auf sich zu achten?
Was bräuchten Sie heute, um diese Qualität wieder zu aktivieren?
Wenn Sie wieder mehr auf sich achten könnten, wie würde sich das anfühlen?
Wem würde zuerst auffallen, dass etwas anders ist?
Was konkret tut Ihnen gut und Sie würden gerne mehr davon machen?
Wenn Sie wieder mehr auf sich achten könnten, was wäre der Unterschied zu jetzt?
Was ist der erste Schritt, den Sie unternehmen könnten, um wieder mehr auf sich zu achten?
Gibt es einen Gegenstand, der Sie immer wieder daran erinnert und Sie stärkt, am Ball zu bleiben?

öfter Nein zu anderen und Ja zu sich sagen zu können. Ein letzter Schritt folgt nun noch bei dieser ersten Methode: Nehmen Sie sich eine Schere und schneiden Sie aus der ersten Tabelle die ganz rechte Spalte ab („Was hindert mich daran, dem nachzugehen?"). Sie werden beim Schneiden merken, welche Teile Sie gut verabschieden können. Sie möchten nicht unser Buch zerschneiden? Das ehrt sie sehr, dann knicken Sie die Spalte einfach um! Nun schauen Sie, welche Teile noch in dieser ganz rechten Spalte übrig sind und gleichen sie ab mit Ihren Antworten auf die Frage der zweiten Tabelle „Was bräuchten Sie heute, um diese Qualität wieder zu aktivieren?" Der nächste Schritt klingt relativ simpel, ist es im Alltag natürlich häufig nicht.

Machen Sie weniger von dem, was Sie hindert, sich um sich selbst zu kümmern und gut auf sich zu achten und machen Sie mehr von dem, was Ihnen ermöglicht, die Qualität zur Geltung kommen zu lassen, die Ihnen den Rücken stärkt, um mehr auf sich achten zu können, damit Sie Ihr volles gesundheitlichen Potenzial ausschöpfen können und nicht fälschlicherweise Ihr Potenzial an etwas verschwenden, dass Sie krank macht.

„Schöpfe Dein Potential nur aus, wenn Dich das Ergebnis begeistert"
(Senior Manager in der Unternehmensberatung, 41 Jahre).

4.3   Meeting mit Ihrem inneren Team

Eine weitere Methode, die ich Ihnen an dieser Stelle gern vorstellen möchte, ist das „innere Team". Dieses Modell wurde von dem Hamburger Psychologen Friedemann Schulz von Thun geprägt (www.inneres-team.de) und bietet eine sehr wirkungsvolle Möglichkeit, die eigene innere Pluralität und Vielfältigkeit in Bezug auf konkrete Fragestellungen kennenzulernen und zu ordnen. Sie brauchen dafür ein leeres Flipchart-Blatt, Moderationskarten und einen Stift.

> „Wichtig für mich war zu erkennen, dass ein paar Positionen nicht oder nicht stark genug besetzt sind… Das alles dank der Unterstützung einer professionellen Coach einmal aus einem anderen Blickwinkel zu sehen, war für mich schon ein AHA-Effekt und hat mir unglaublich Spaß gemacht" (Dipl.-Kauffrau, 51 Jahre).

Sie haben alle Utensilien beisammen? Dann geht es los:

1. Vorbereitung
   Skizzieren Sie zunächst blattfüllend eine Person (Sie) auf dem Flipchart-Blatt, die viel Platz im Bauchraum hat, um dort im nächsten Schritt die verschiedenen Teammitglieder darzustellen. Legen Sie das Blatt auf den Boden. Abb. 4.1. bietet Ihnen eine grafische Orientierung.
2. Fragestellung finden
   Definieren Sie dann eine typische Frage, die an Sie gerichtet wird und zu der Sie in Zukunft gerne Nein sagen können möchten. Das kann z. B. sein „Könntest Du das Projekt übernehmen?" oder „Kannst Du das nicht noch kurz erledigen?"
3. Mannschaftsaufstellung
   Als nächstes nehmen Sie sich Ihre Moderationskarten und beginnen mit Ihrer Mannschaftsaufstellung:
   Wer spielt in Ihrem Team? Wie heißen Ihre Teammitglieder jeweils? Was haben die jeweils zu sagen? Da könnte z. B. „der Pflichtbewusste" sein, der sagt: „Selbstverständlich mache ich das." Oder „der Unsichere", der sagt: „Ich muss das machen, sonst

Abb. 4.1 Inneres Team. (Quelle: eigene Darstellung von Prof. Wilfried Schley, IOS)

werde ich nicht gemocht." Und so weiter. Nehmen Sie sich Zeit, sodass wirklich alle Teammitglieder zu Wort kommen.

4. Positionierung
   Nun wird es spannend: Ordnen Sie die Moderationskarten so auf dem Flichart-Blatt im Bauchraum der Person, wie es Ihnen sinnvoll erscheint. Verändern Sie die Positionen ruhig noch einmal, wenn Ihnen danach ist. Was fällt Ihnen auf?
5. Aktivierung
   Folgende Fragen können hilfreich sein, um zu klären, wen Ihrer Teammitglieder Sie brauchen, um in Zukunft in der entscheidenden Situation Nein sagen zu können.

Wer spielt eine Hauptrolle? Wer eine Nebenrolle? Welche Verbündete gibt es? Welche Kontrahenten? Welche positive Absicht steckt hinter vermeintlich negativ gestimmten Teammitgliedern? Wer unterstützt Sie beim NEIN sagen? Wer könnte ihm/ihr dabei zur Seite stehen? Was würde ihm/ihr noch helfen?

Häufig berichten Klienten nachdem wir im Coaching mit dieser Methode gearbeitet haben, dass sie nun schon viel deutlicher sehen, warum es ihnen so schwer fällt, sich abzugrenzen und was ihnen hilft, in Zukunft klarer mit sich selbst zu sein und das auch in ihrer Kommunikation nach außen zu vertreten. Das sind wichtige Erkenntnisse, um die eigenen Kräfte gut einteilen zu können und langfristig das volle Potenzial ausschöpfen zu können.

4.4   Wenn sich ein Wertekonflikt manifestiert

Nun haben Sie schon viel Neues über sich und über Ihre Ressourcen erfahren und haben vielleicht wertvolle Teammitglieder bzw. Fähigkeiten wieder entdeckt, die Ihnen in Zukunft wertvolle Rückenstärkung geben können. Es kann sein, dass Sie sich nun schon so gut aufgestellt fühlen, dass Sie den folgenden Abschnitt überblättern möchten.

Sollte Sie der Titel hellhörig werden lassen, möchte ich Sie herzlich einladen, ihn zu lesen.

Die folgende Methode ermöglicht Ihnen, mit Ihren Werten in Kontakt zu kommen und hilft Ihnen, sich klarer darüber zu werden, in was für einem Arbeitsumfeld Sie sich wohl fühlen. Je besser die eigenen Werte zu den Werten des Unternehmens passen, in dem wir arbeiten, umso seltener müssen wir uns aktiv abgrenzen. Wir haben gar nicht so häufig das Bedürfnis, Nein zu sagen, weil sich unser Äußeres, also unsere Umgebungswelt, unser Arbeitsplatz und unser Inneres, also unser inneres Team, unsere Wertvorstellungen, zu einem großen Teil überschneiden.

Wir müssen uns schlicht nicht so viel verbiegen, weil wir in einem Fahrwasser unterwegs sind, das uns optimale Voraussetzungen zur Potenzialentfaltung bietet.

Wenn das interessant für Sie sein könnte, möchte ich Ihnen hier das Riemann-Schley-Kreuz vorstellen. Sie brauchen vier Moderationskarten, einen Stift und Paketklebeband oder zwei Schnüre à ca. 2 m Länge.

1. Vorbereitung
   Kleben Sie mit dem Klebeband ein 2 × 2 m großes Kreuz auf den Boden oder legen Sie es mit den Schnüren. Beschriften Sie die vier Karten mit je einem Begriff: Dauer, Wandel, Distanz, Nähe. Positionieren Sie die vier Begriffe wie in Abb. 4.2. deutlich wird.
2. Hintergrundinformationen
   Sie haben nun zwei Achsen auf Ihren Fußboden gelegt: Die Zeitachse mit den beiden Ausprägungen „Dauer"

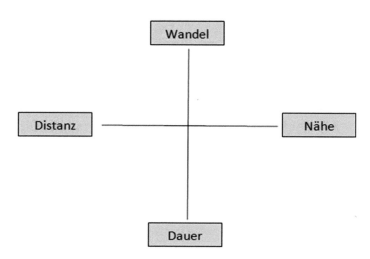

Abb. 4.2 Das Riemann-Schley-Kreuz. (Quelle: eigene Darstellung in Anlehnung an Schley, V. und Schley, W., 2010)

und „Wandel" sowie die Raumachse mit den beiden
Ausprägungen „Distanz" und „Nähe".

„Dauer" steht für Zuverlässigkeit, Gewissenhaftigkeit,
systematisches Vorgehen, aber auch ein gewisses Maß
an Unflexibilität.

„Wandel" steht für Spontanität, Kreativität,
Improvisationstalent, aber auch ein gewisses Maß an
Sprunghaftigkeit.

„Nähe" steht für Kontaktfähigkeit, ausgleichende und
verständnisvolle Fähigkeiten, aber auch ein gewisses
Maß an Konfliktscheue.

„Distanz" steht für Eigenständigkeit, Entscheidungs-
freude, Leistungsorientierung, aber auch ein gewisses
Maß an abweisenden Zügen.

Jeder Mensch trägt, in unterschiedlichen Anteilen, alle
vier Ausprägungen in sich. Auch verändern diese sich
und sind nicht starr.

3. Aktivierung

Es gibt aber Bereiche in diesem Kreuz, in denen man
sich wohler fühlt als in anderen. Ich möchte Sie nun
einladen, aufzustehen und das Kreuz zu betreten.
Betreten Sie nacheinander alle vier Quadranten.
Nehmen Sie sich Zeit und lassen Sie sich treiben.
Explorieren Sie die verschiedenen Felder und
beobachten Sie, wie sie sich anfühlen. Wo fühlen Sie
sich wohl? Wo entspannen sich Ihre Haltung und Ihre
Muskeln? Wo empfinden Sie Widerstand? Wo ein
Gefühl von „Ich muss mich verbiegen"?

4. Positionierung

Wählen Sie sich einen Bereich aus, in dem Sie sich
wohlfühlen. Wo stehen Sie? In welchem Quadranten
oder auf welcher Linie? Eher weit außen oder eher im
Zentrum des Kreuzes? Ist es eher ein Punkt oder eher
eine Fläche, auf dem Sie stehen? Wie fühlen Sie sich

hier? Wie ist Ihre Körperhaltung? Wie ist Ihr Gesichtsausdruck?

5. Reflexion
Treten Sie nun aus dem Kreuz hinaus. Wie war Ihr Spaziergang? Was ist neu für Sie? Was haben Sie entdeckt, in welchem Bereich Sie sich wohlfühlen?

Lassen Sie uns nun den Transfer machen: Entsprechend dieser Erkenntnis – in welcher beruflichen Rolle würden Sie sich wohlfühlen? Inwiefern ist das in Ihrer aktuellen Rolle möglich? In was für einem Unternehmen würden Sie sich wohlfühlen? Inwiefern entspricht das Ihrem aktuellen Arbeitgeber?

Die Erkenntnisse aus dieser Methode können sehr tief greifend, erhellend und oft erschütternd sein. Klar ist, dass wir alle nicht im Paradies leben und arbeiten können und alles immer vollständig unseren Neigungen entspricht. Und mal ehrlich: Das wäre auch nicht die Erfüllung und kein guter Nährboden zur Weiterentwicklung und Potenzialausschöpfung.

Wenn aber ein sehr großer Konflikt zwischen Ihren eigenen inneren Ausprägungen und Werten besteht und denen Ihrer beruflichen Rolle bzw. Ihres Unternehmens, dann ist das ein Faktor bei der Burnoutprävention, den Sie unbedingt ernst nehmen sollten. Ich denke, wenn Sie von außen drauf schauen, stimmen Sie mir sofort zu, dass ein Mensch, dem Strukturen, verlässliche Abläufe wichtig sind und der sich sehr gut auf sich selbst verlassen kann, dem Teamarbeit aber nicht so liegt, mit großer Wahrscheinlichkeit nicht glücklich wird und sein volles Potenzial entfalten kann, wenn er in einem Start-up mit viel Spielraum für Innovation und Entwicklung ein Team von Kommunikationswissenschaftlern leiten soll.

Wie sieht es bei Ihnen aus? Sind Sie schon in geeignetem Fahrwasser unterwegs? Wenn ja ist das eine wichtige Erkenntnis und ein sehr wertvoller Faktor bei der Burnoutprävention.

Wenn Sie nun zu der Einsicht gekommen sein sollten, dass Sie eventuell in einem Wertekonflikt stecken, möchte ich Sie ermutigen und Sie bitten, nicht wegzuschauen. Sehen Sie genauer hin: Was bedeutet das konkret für Sie: Haben Sie die Möglichkeit, eine andere Position einzunehmen, die Rolle zu verändern, das Team zu wechseln? Können Sie Einfluss auf die Organisationsstrukturen nehmen, ohne selbst zu Schaden zu kommen? Haben Sie die Möglichkeit, Ihre innere Haltung zu verändern, um Ihre Gesundheit zu schonen? Oder ist es tatsächlich nötig, die Organisation zu verlassen? Alles nach dem Motto „Love it, change it or leave it."

> „In meinem Fall basierte das Burnout auf einem Wertekonflikt. Ich habe meinen Job gekündigt und arbeite seit fast zwei Jahren selbstbestimmt. In einer neuen Tätigkeit müssen meine und die Werte vom Unternehmen so zusammenpassen, dass es für mich akzeptierbar ist"
> (Senior Manager in der Unternehmensberatung, 41 Jahre).

In diesem Kapitel haben Sie viel über Ihre inneren Möglichkeiten und vorhandenen Ressourcen erfahren, um sich besser abgrenzen zu können und Ihr volles Potenzial zu entfalten – alles im Sinne Ihrer Gesundheit. Auch Ihre Alltagsgestaltung und die äußeren Lebensumstände wie Ihren Arbeitsplatz haben Sie auf den Prüfstand gestellt. Bei allen Überlegungen ging es bisher vorrangig um Ihr Mindset, um die kognitive, emotionale Ebene und die Verhaltensebene.

Ein weiterer wichtiger Faktor, um Ihr Innerstes zu stärken, ist die Resilienz.

Was genau das ist, werden wir im folgenden Kapitel beleuchten.

4.5 Resilienz

Resilienz stammt vom lateinischen Wort resilire (zurückspringen) ab und bedeutet psychische Widerstandskraft, also die Fähigkeit, schwierige Lebenssituationen ohne anhaltende Beeinträchtigung zu meistern. Auffällig ist, dass einige Menschen, obwohl sie hohen Belastungen ausgesetzt sind, sich besser erholen als andere und ihre Gesundheit erhalten können. Sie sind also nicht so vulnerabel (verletzlich), was somit das Gegenteil beschreibt. Diese Vulnerabilität zeigt sich in einer erhöhten Verwundbarkeit gegenüber äußeren Einflussfaktoren.

Ursprünglich war der Begriff Resilienz eher aus der Entwicklungspsychologie bei Kindern bekannt. Mittlerweile wurde sie aber auch bei den Erwachsenen, insbesondere in der betrieblichen Gesundheitsförderung eingeführt. Denn gerade die teils hohen Anforderungen der Arbeitswelt können für die Menschen psychisch doch sehr belastbar sein. Wer damit besser umgehen und sich erfolgreicher anpassen kann, vermag sein psychisches Gleichgewicht zu erhalten und die negativen Folgen eines übermäßigen Stresses bis hin zu einer Depression treten nicht auf.

Die sieben Säulen der Resilienz.

Das Modell von Wellensiek (2011) beschreibt die sieben Säulen der Resilienz und wie man diese optimieren kann:

1. Optimismus

   Optimisten sehen das Glas eher halb voll und nicht halb leer. Sie heben die Fähigkeit, positiv in die Zukunft zu blicken und wissen genau, dass sie genug Kraft besitzen, um schwierige Lebensabschnitte zu meistern. Krisen sind für sie nur vorübergehend.

2. Akzeptanz

   Es ist einfacher, bestimmte Situationen, die man ohnehin nicht ändern kann, anzunehmen. So können Sie die Vergangenheit hinter sich lassen und einfacher in die Zukunft gehen.

3. Lösungsorientierung

   Nach der Akzeptanz müssen Sie nach neuen Lösungen schauen. Formulieren Sie sich Ihre Ziele und überlegen Sie sich, wie Sie diese erreichen können.

4. Opferrolle verlassen

   Hierfür ist es sinnvoll, dass Sie Ihre innere Einstellung verlassen. Suchen Sie nicht die Fehler bei den anderen. Geben Sie die Passivität auf und gestalten Sie Ihr Leben aktiv.

5. Verantwortung übernehmen

   Hier geht es jetzt darum, Initiative zu zeigen, und sich nicht vor der eigenen Verantwortung zu drücken.

6. Selbstregulierung/Zukunftsplanung

   Menschen, die über eine gute Resilienz verfügen, sehen die Zukunft bereits vor sich und planen daraufhin Ihre Ziele. Diese Ziele sollten mit der eigenen Persönlichkeit übereinstimmen.

7. Beziehungsgestaltung

   Suchen Sie sich in ihrem Freundes- und Bekanntenkreis Menschen aus, die Ihnen Kraft geben, die Ihnen helfen können, Ihre Ziele zu erreichen. Wir kennen alle diese Engergieräuber, die Sie nur noch weiter herunterziehen. So hart es klingen mag, aber diese Menschen sollten Sie aus Ihrem Leben streichen. Machen Sie sich doch mal eine Liste mi den Menschen aus Ihrem näheren Umfeld. Schnell werden Sie bemerken, wer von denen Ihnen helfen kann und wen Sie lieber meiden sollten.

Sie haben nun einen guten Einstieg in die Wichtigkeit der Resilienz erfahren. Die Resilienz korreliert mit dem allgemeinen Gesundheitsstatus und ist dadurch ebenfalls veränderbar.

In den folgenden Kapiteln wird der Fokus deshalb nun medizinischer. Was braucht Ihr Körper, um Sie fit in die Zukunft zu bringen und wie können Sie ihn unterstützen, damit Sie gesund, leistungsfähig und vital bleiben?

5

Burnout beginnt in der Zelle

Dauerhafter negativer Stress, Überlastungsdespressionen und Burnout äußern sich auf drei Ebenen (vgl. Kap. 3): Unsere Gedanken und Gefühle verändern sich, wir verhalten uns anders und unser Körper reagiert.

Die Prävention von Burnout setzt dementsprechend ebenfalls an allen drei dieser Ebenen an.

Zu den Themen Mindset und Verhalten haben Sie nun schon viele wertvolle Inputs aus den Bereichen der Stressforschung und des Systemischen Ansatzes erhalten.

Unser Ansatz in der Burnoutprävention ist, Psyche und Körper ganzheitlich zu verbinden. Nun soll es deshalb um die medizinische Komponente des Erschöpfungssyndroms gehen.

„Die fokussierten Therapieformen in Verbindung mit den „Hausaufgaben" zu Ernährung, Sport und im Bereich Coaching ergaben eine wiedergewonnene Leistungssteigerung und letztlich auch Wohlbefinden. Aber Geduld

und Disziplin gehört dazu und ich musste es schwer
erarbeiten"
(Projektleiter beim Zoll, 50 Jahre).

In diesem Kapitel erfahren Sie alles rund um die
Burnoutprävention, was den Stoffwechsel betrifft, über
freie Radikale sowie nitrosativen und oxidativen Stress, Sie
erhalten Einblicke in die Wissenschaft um die Kraftwerke
unserer Zellen, die Mitochondrien sowie in die Vitamin-
und Mineralstoffgeheimnisse der Orthomolekularen
Medizin.

5.1   Leistungsbooster Stoffwechsel

Was Ihnen nicht neu ist, ist Folgendes: Burnout hat viel-
fältige und komplexe Ursachen und ist das Resultat von
weit mehr als nur zu viel Stress.

Was neu für Sie sein dürfte ist die folgende Tatsache:
Burnout beginnt in der Zelle. Und damit verändert ein
Erschöpfungszustand unseren gesamten Stoffwechsel. „Na
und?", denken Sie vielleicht. Stoffwechsel ist zugegeben
ein sehr trockener Begriff. Lassen Sie uns genauer hin-
schauen:

Ein funktionierender Stoffwechsel ist das Rückgrat
unserer Körperfunktionen wie der Immunabwehr sowie
unserer Konzentrationsfähigkeit. Er ist essenziell, damit all
die wertvollen Nährstoffe aus der Nahrung ihre Wirkung
entfalten können.

Im Prinzip sagt der Begriff es schon: Stoffwechsel
beinhaltet alle körpereigenen Prozesse, die die über unsere
Nahrung aufgenommenen Stoffe um- und abbauen und
sie so verwendbar machen für diverse Körperfunktionen.
Alles, was nicht benötigt wird, wird ausgeschieden bzw. als
Wärme abgegeben.

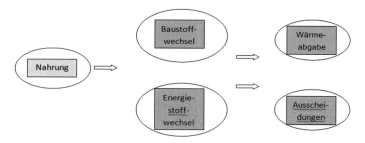

Abb. 5.1 Überblick Stoffwechselfunktionen. (Quelle: eigene Darstellung in Anlehnung an Froböse 2014, S. 28)

Unser Körper nimmt sich also aus allem, was wir essen und trinken, was er braucht, um zum einen den Energiebedarf zu decken (Energiestoffwechsel) und zum anderen, um Baustoffe für Zellen, für Hormone und Abwehrstoffe zu gewinnen (Baustoffwechsel). Die Abläufe, die das ermöglichen, sind vielfältig und eng miteinander verwoben. Diverse steuernde Hormone und Enzyme sorgen dafür, dass all diese Abläufe reibungslos stattfinden können (Froböse 2014, S. 27). Abb. 5.1. stellt dies grafisch dar.

Als Energieträger stehen dem Körper vorrangig Fette und Kohlenhydrate zur Verfügung. Bedingt spielen auch Proteine eine Rolle.

In Ruhe beim Nichtstun und bei leichter körperlicher Aktivität sollte der Fettstoffwechsel überwiegen. Über die Atmung nehmen wir theoretisch genug Sauerstoff auf, damit Fette verbrannt werden können. Die Fettverbrennung funktioniert nämlich nur aerob, also mit ausreichend Sauerstoff.

Steigt die Belastung, können wir irgendwann nicht mehr genügend Sauerstoff einatmen und der Körper zieht sich zusätzliche Energie aus Kohlenhydraten. Steigt nach dieser Phase der gemischten Energiebereitstellung die Belastung der körperlichen Aktivität noch weiter an, wechselt der Energiestoffwechsel schließlich komplett in den anaeroben Bereich. Hier werden keine Fette, sondern ausschließlich Kohlenhydrate zur Energiegewinnung genutzt.

In unserer Praxis beziehungsweise bei Gesundheitstagen in Unternehmen stellen wir bei unserer Stoffwechselmessung in Ruhe jedoch häufig fest, dass der Ruhestoffwechsel unserer Kunden bzw. Patienten gestört ist und bereits im Sitzen ohne jegliche körperliche Aktivität der anaerobe Kohlenhydratstoffwechsel überwiegt. Wir sprechen dann von einer Stoffwechselstörung. Eine solche Stoffwechselstörung kann die Ursache von Beschwerden wie Übergewicht, Abgeschlagenheit, Leistungseinbrüchen, Infektanfälligkeit und vielem mehr sein.

Denn meist ist dann nicht nur der Energiestoffwechsel, sondern auch der Baustoffwechsel gestört. Das heißt, auch die wertvollen Mikronährstoffe gelangen nicht an ihren Zielort, um dort ihre wichtigen Funktionen frei entfalten zu können.

Doch was sind die Ursachen solcher Stoffwechselstörungen? Meistens spielen viele Facetten unseres westlichen Lebensstils zusammen eine Rolle. Alle Themen der oben zitierten Grafik sind Teil des Ursachenkomplexes: mangelnde Bewegung, falsche Ernährung, Stress. So setzt auch die Therapie an vielfältigen Stellen an.

„Mit all diesen Maßnahmen zusammen habe ich wirklich das Gefühl, zum Leben erweckt worden zu sein. So habe ich die Initiative ergriffen, auch weiter an meiner Gesundheit zu arbeiten. Und das, wo ich eigentlich gar keine Zeit habe und geschäftlich und privat viel eingebunden bin" (Unternehmer in der Industrie, 54 Jahre).

Das Kernproblem auf Zellebene ist, dass nicht genügend Sauerstoff für einen reibungslosen Ruhestoffwechsel in der Zelle ankommt. Dafür gibt es folgende Gründe:

1. Mangelnde Sauerstoffzufuhr
   Ein Grund dafür, dass zu wenig Sauerstoff in die Energiezentralen der Zellen, die Mitochondrien, gelangt, ist eine ineffiziente Atmung. Durch die nach vorn gekrümmte Schreibtischhaltung hat das zum einen ganz simple mechanische Ursachen: Die Lunge hat nicht genügend Platz, sie wird förmlich im Brustkorb zusammengestaucht. Kommt dann noch dauerhafter Stress hinzu, wird der Sympathikus aktiv – die Atmung fällt wie alle anderen Organfunktionen auch in den Stressmodus, wird flacher und schneller. Die Folge: Wir nutzen meist nur ein Fünftel unserer 750 Mio. Lungenbläschen und nehmen dadurch sechs- bis zehnmal weniger Sauerstoff auf als bei einer langsamen, vollen Atmung. Unser Gehirn, das 80 % des Sauerstoffs verbraucht, wird nicht optimal versorgt. Und auch in den Mitochondrien kommt nicht genügend Sauerstoff für den Energiestoffwechsel an. Zusätzlich wird nicht ausreichend Kohlendioxid abgeatmet, die Zelle übersäuert.

2. Mangelnde Verwertung des vorhandenen Sauerstoffs
   Aber auch, wenn genügend Sauerstoff eingeatmet wird, kann es vorkommen, dass nicht die ausreichende Menge davon in den Mitochondrien ankommt und dem dortigen Fettstoffwechsel zur Verfügung steht.

3. Zu hohe Säurelast
   Ursache dafür ist häufig eine zu hohe Säurelast. Wie ein Kaminofen, der Sauerstoff benötigt, damit das Feuer nicht erlischt, braucht die Zelle Sauerstoff für die Fettverbrennung in Ruhe. Eine hohe Säurelast schiebt sich, wie die Kaminofentür vor das Kaminfeuer,

Tab. 5.1 Basische und säurehaltige Lebensmittel. (Quelle: eigene Darstellung)

Lebensmittel, die die Säurelast reduzieren	Lebensmittel, die die Säurelast erhöhen
Frisches Gemüse	Kaffee
Frisches Obst	Alkohol
Hülsenfrüchte	Fleisch
Vollkornprodukte	Chips etc.
Kartoffeln	Süßigkeiten
	Industriell verarbeitete LM/ Fertiggerichte
	Zuckerhaltige Getränke

langsam vor die Zelle und verhindert so die optimale Fettverbrennung. Ziel sollte deshalb sein, die Sauerstoffzufuhr zur Zelle wieder zu ermöglichen, um den Stoffwechsel in Ruhe zu optimieren (Marx, 2017, S. 63).

Neben der stressbedingten flachen Atmung gibt es weitere Gründe für eine hohe Säurelast.

Der Ernährung kommt eine Schlüsselrolle zu. Ein übermäßiger Konsum säurehaltiger Lebensmittel wie Fleisch, Kaffee, Alkohol, zuckerhaltige Lebensmittel sollte reduziert werden zugunsten basischer Lebensmittel wie unverarbeitetem frischen Gemüse, Obst und Vollkornprodukten. Tab. 5.1. verschafft Ihnen einen Überblick.

Zu intensiver Sport im genannten anaeroben Bereich – und den erreicht ein stoffwechselgestörter Organismus bereits sehr schnell! – erhöht zudem die Säurelast. Sanftes Ausdauertraining im aeroben Bereich, das die Basis trainiert, also den Fettstoffwechsel anregt, sollte zwei- bis dreimal in der Woche für mindestens 30 min absolviert werden. Bei welcher Herzfrequenz Ihr Organismus vom aeroben in den anaeroben Bereich wechselt, lässt sich exakt mit einer Spiroergometrie feststellen. In einer sportmedizinischen Praxis oder einem Zentrum für

Leistungsdiagnostik werden Sie auf dem Fahrrad oder auf dem Laufband Stück für Stück an Ihr Leistungslimit gebracht. Währenddessen werden Ihre Herzfrequenz und Ihre Atemgaszusammensetzung gemessen. Aus dem Verhältnis von eingeatmetem Sauerstoff zu abgeatmetem Kohlendioxid wird der sogenannte respiratorische Quotient ermittelt. Er gibt exakt an, wie Ihre Energiestoffwechsellage bei der entsprechenden Herzfrequenz ist und Sie können dank dieser Erkenntnisse ab sofort ein zielorientiertes Ausdauerstoffwechseltraining beginnen.

Ergänzend zum Ausdauertraining gehört zu einem effektiven Stoffwechselbewegungsprogramm auch immer ein Muskeltraining (Froböse, I.: Das Turbo Stoffwechselprinzip). Grund hierfür sind die sogenannten Myokine. Sie gehören zu bestimmten Botenstoffen des Immunsystems, den Interleukinen. Myokine wurden 2007 von der Dänin Bente Pedersen entdeckt und gaben der Bedeutung von Bewegung zur Gewichtsreduktion und Stoffwechseloptimierung eine ganz neue Gewichtung. Myokine werden bei aktiver Muskelarbeit freigesetzt. Sie erweitern die Muskulatur um wichtige weitere Funktionen. Waren unsere Muskeln lange nur für ihre Stütz- und Bewegungsaufgabe und Kalorienverbrennung bekannt, machen Myokine sie nun zu einem endokrinen Organ, das „andere Gewebearten, Organe und Systeme dazu bringt, Dinge zu tun, die sie von alleine nie gemacht hätten" (Froböse, 2014, S. 49). So veranlassen die Myokine, vor allem das Interleukin 6, BDNF (Brainderived Neurotrophic Factor) und das Myonectin (CTRP-15), zum Beispiel das Fettgewebe, Fette zur Verbrennung in die Blutbahn freizugeben. Also genau das, was wir für einen optimalen Ruhestoffwechsel brauchen! Aber eben nur bei aktiver Muskelarbeit. Dazu zählt schon Treppensteigen, eine Haltestelle früher aus der Bahn aussteigen usw. Jeder Schritt zählt! Mittelfristig sollte natürlich ebenfalls zwei- bis dreimal pro Woche ein strukturiertes Kräftigungstraining unter professioneller Anleitung Platz in Ihrem Alltag finden, um den Stoffwechsel optimal anzukurbeln. Wie auch beim Ausdauertraining beginnt man dabei mit der Ausbildung einer soliden Basis im Kraftausdauertraining. Die Wahl fällt also zunächst auf eher viele Wiederholungen (20–25) und eher wenig Widerstand bzw. Trainingsgewicht. Sie empfinden das Training als leicht bis mittelschwer.

Ernährung, Entspannung und Bewegung sind also drei mögliche Einflussbereiche, um den Stoffwechsel zu optimieren, damit dem Körper alle wichtigen Baustoffe zur Verfügung stehen. Müdigkeit, Abgeschlagenheit und Antriebslosigkeit, die einen geschwächten Stoffwechsel als Ursache haben, können Sie verabschieden und sich freuen auf eine lang vermisste, optimale Leistungsfähigkeit und Vitalität.

Übrigens: Das Myokin PGC-1-Alpha stimuliert sowohl beim Ausdauer- als auch beim Kräftigungstraining die Entwicklung der Mitochondrien, der Kraftwerke und Energiezentralen unserer Zellen.

Wie können Sie zusätzlich zu Ihrem Gesundheitsverhalten Ihren Stoffwechsel stärken? Das erfahren Sie im folgenden Abschnitt.

5.2   Stoffwechselbooster

Die Wichtigkeit von einer eher kohlenhyrdatreduzierten und gemüsereichen Ernährung und ausreichend Bewegung haben wir ja schon ausführlich besprochen.

Darüber hinaus gibt es zudem ein paar pflanzliche Stoffe, die den Stoffwechsel ordentlich anregen können und die allgemein nicht so bekannt und deswegen besonders interessant sind.[1]

5.2.1 Koffein (Guarana)

Ok, zugegeben. Koffein ist jetzt nicht unbedingt ein Geheimtipp, da es ja den meisten Menschen durch den täglichen Kaffeegenuss bekannt ist. Eine Pflanze, die hierfür eine besondere Vorstellung verdient ist Guarana.

Den Guarana-Busch finden wir in Südamerika im Amazonasgebiet, vor allem in Brasilien, Peru und Venezuela. An diesem Busch wachsen Früchte, die in Etwa so groß wie eine Kaffeebohne sind. Das Besondere an diesen Früchten sind aber ihre Samen. Denn sie sind sehr reich an Koffein. Der Koffeingehalt liegt bei ca. 4–8 % und ist damit doppelt so hoch als bei Kaffeebohnen.

Schon die indigen Völker nutzten die Kraft dieser Pflanze gegen Kopfschmerzen oder um Fieber zu senken. Mittlerweile wird es auch in Europa immer bekannter und beliebter und deren Wirkung ist in zahlreichen Studien belegt.

Koffein erhöht die Thermogenese. Das bedeutet, dass die Wärmebildung des Körpers verstärkt wird. Dafür wird Energie benötigt und das in Form von Zucker, Fett und Kalorien. Der gesamte Fettsäuremetabolismus wird dadurch positiv beeinflusst und das Abnehmen erleichtert.

Das in Guarana enthaltene Koffein hat aber auch noch einen weiteren therapeutischen Ansatz. Es reduziert die Müdigkeit und steigert die kognitiven Leistungen und das

---

[1] Die folgenden Informationen zu den verschiedenen pflanzlichen Stoffen entstammen zahlreicher Studien, die im Literaturverzeichnis aufgeführt sind.

Erinnerungsvermögen. Die allgemeine Leistungsfähigkeit wird also verbessert.

Tatsächlich wirkt Guarana aber nicht nur leistungsfördernd, sondern reduziert auch Stress und hebt die Stimmung. Manche Menschen nutzen es sogar als Aphrodisiakum, da es libidostimulierende Eigenschaften hat.

5.2.2 Epigallocatechingallat (EGCG)

Den nächsten Stoffwechselbooster, den ich Ihnen vorstellen möchte, ist EGCG.

ECGC steht für Epigallocatechingallat und ist ein im grünen Tee vorkommendes sogenanntes Catechin, das zu den Flavonoiden und somit zu den sekundären Pflanzenstoffen gehört.

Es wird schon seit einigen Jahren in der Adipositastherapie zur Gewichtsreduktion genutzt, da es den Stoffwechsel durch eine Hemmung des Abbaus von Noradrenalin, das anregend wirkt, aktiviert. Außerdem wird wie auch beim Koffein im Körper die Thermogenese stimuliert und die Oxidation, also die Verbrennung von Fetten, gefördert.

Zahlreiche Studien können eine Verminderung des Körpergewichts durch EGCG nachweisen. Als Beispiel sei hier eine Studie aus dem Jahre 2009 erwähnt, bei der japanische Wissenschaftler herausfanden, dass durch eine dreimonatige Einnahme von Catechinen der Hüftumfang von Diabetikern signifikant reduziert werden konnte. Außerdem hilft es nach der Gewichtsabnahme, einen Jojo-Effekt zu bekommen.

Die verbesserte Bereitstellung von Fettsäuren hat aber nicht nur einen positiven Einfluss auf unser Gewicht, sondern auch auf unsere Leistungsfähigkeit bei Belastung. Es steht dadurch einfach mehr Energie zur Verfügung.

Das Catechin hat aber nicht nur eine positive Wirkung auf unser Gewicht und unsere Ausdauer. Auch auf unsere Gedächtnisleistung hat es einen positiven Einfluss. In einer Studie konnte diejenigen Probanden, die Grünen Tee bekommen haben, im Vergleich zu einer Kontrollgruppe Gedächtnisaufgaben besser lösen. Dabei wurde die Aktivität während der Bewältigung dieser Aufgaben mit einer Magnetresonanztomografie (MRT) gemessen.

5.2.3 Piperin

Das aus dem schwarzen Pfeffer bekannte Piperin hat ebenfalls hervorragende positive Auswirkungen auf den Stoffwechsel und das Gehirn.

Es erhöht die Bildung von Endorphinen, das sind körpereigene Opioidpeptide, die glücklich machen, Schmerzen lindern und die Stresstoleranz erhöhen. Sie können aber auch die kognitiven Fähigkeiten verbessern, wirken beruhigend und verbessern den Schlaf.

Einige von Ihnen kennen die Wirkung von Endorphinen vielleicht durchs Joggen. Beim Laufen werden diese Botenstoffe nämlich ebenfalls ausgeschüttet und führen zu einem Phänomen, das auch als „Runners' High" bezeichnet wird.

Dopamin und Serotonin sind weitere Hormone, die durch Piperin beeinflusst wird. Das Enzym, das normalerweise Dopamin und Serotonin abbaut, wird durch das Piperin nämlich gehemmt, wodurch die Motivation erhalten bleibt und man sich einfach besser fühlt.

In einer 2008 veröffentlichten Studie konnten thailändische Wissenschaftler sogar einen antidepressiven Effekt nach einer vierwöchigen Einnahme von Piperin beweisen.

Der Stoffwechsel wird durch das Piperin ebenfalls aktiviert. Indirekt erfolgt das über die Verbesserung der Bioverfügbarkeit von anderen Nährstoffen. Das bedeutet, dass der Körper diese besser aufnehmen kann. Eine direkte Aktivierung erfolgt zudem über eine Erhöhung des Fett- und Kohlenhydratstoffwechsels beim Sport.

Übrigens, schwarzer Pfeffer hilft auch bei Verdauungsbeschwerden und bei grippalen Infekten.

5.2.4 Capsaicin

Wie das Piperin, gehört auch Capsaicin zu den natürlichen Scharfmachern, die den Stoffwechsel ankurbeln. Capsaicin ist in Chilischoten enthalten und wer schon mal eine gegessen hat, der weiß auch, wie dadurch die Körpertemperatur hochgehen und sich die Durchblutung verbessern kann.

Es häufen sich die Studien, die darstellen, dass Capsaicin den Stoffwechsel anregen und bei der Gewichtsreduktion helfen kann. Amerikanische Wissenschaftler haben zum Beispiel herausgefunden, dass es durch die Einnahme von dem Chilischotenextrakt über drei Monate zu einer signifikanten Reduktion des Taillen- und des Hüftumfangs kam. Zudem berichteten die Teilnehmer über eine Minderung ihres Appetits, wodurch Heißhungerattacken reduziert werden konnten. Diese Gewichtsabnahme ging einher mit einer unveränderten Lebensweise. Sie haben sich also genauso viel oder wenig bewegt wie vorher auch.

Aber auch hier sehen wir nicht nur die positiven Eigenschaften auf den Stoffwechsel, sondern auch auf die Performance. In China wurde 2016 eine Studie durchgeführt, die zeigte, dass Capsaicin auch einen positiven Einfluss auf die Leistung hat und Müdigkeit effektiv reduziert.

Übrigens: Capsaicin kann aufgrund der Durch-
blutungssteigerung auch bei Erektionsstörungen helfen
und hat therapiebegleitend einen positiven Einfluss bei
der Bekämpfung von Brust- Prostata-, Bauchspeichel-
drüsen- und weiteren Krebsarten, was zahlreiche Studien
eindrucksvoll belegen.

Wenn man Capsaicin allerdings in zu hohen Mengen
einnimmt, kann es zu Übelkeit, Erbrechen oder Bluthochdruck kommen.

5.2.5 Synephrin

Synephrin ist ein Pflanzenstoff aus der Bitterorange
(Citrus aurantium), das gehäuft in der Schale, aber auch
im Fruchtfleisch vorhanden ist. In verschiedenen Ländern
der Welt wird es schon seit vielen Jahren als Kräuter-
oder Nahrungsergänzungsmittel verwendet. In der
traditionellen chinesischen Medizin kommt es bereits seit
Jahrhunderten bei Verdauungsproblemen zum Einsatz.

Verschiedene Studien haben nun aber auch seinen
Nutzen für die Fettverbrennung bewiesen. So haben
amerikanische Wissenschaftler zeigen können, dass sich
auch mit geringeren Mengen an Synephrin der Kalorien-
verbrauch um 30 % steigerte. Besonders interessant ist,
dass durch den Bitterstoff die Fettverbrennung an den
Problemzonen steigert, die sonst eher schwer für eine Fettverbrennung zugänglich sind. Das geschieht durch eine
Hemmung der Hemmung. Genauer gesagt ist Synephrin
der Gegenspieler von Rezeptoren, die die Fettverbrennung
hemmen.

Chinesische Wissenschaftler haben zudem noch herausgefunden, dass Synephrin neben der Lipolyse auch noch
eine antiadipogene Wirkung hat, in dem in Vorläuferfettzellen der Signalweg reguliert und adipogeneseverwandte

Proteine unterdrückt werden. Damit könnte Synephrin zur vorbeugenden und therapeutischen Anwendung gegen das metabolische Syndrom eingesetzt werden.

Bei der Einnahme von Synephrin sollte man aber nicht übertreiben und Patienten mit kardiovaskulären Erkrankungen sollten optimalerweise einen Arzt mit einbeziehen.

5.2.6 Himbeerketon

Einigen von Ihnen ist vielleicht das Schlankheitshormon Adiponectin bekannt. Das Himbeerketon, ein sekundärer Pflanzenstoff, der der gleichnamigen Beere seinen Geruch verleiht, hat die Eigenschaft, zum einen den Stoffwechsel anzuregen, aber eben auch das Adiponectin im Körper zu erhöhen. Dadurch wird das Hungergefühl gemindert. Je nachdem, wie stark eine Fettzelle gefüllt ist, wird unterschiedlich viel von dem Hormon gebildet. Übergewichtige haben zumeist einen eher niedrigen Adiponectingehalt. Durch das Keton wird der Fettabbau reguliert und es kann vermehrt für die Energiegewinnung genutzt werden.

Es kommt nun also nicht nur dem Körpergewicht zugute. Da viele Menschen viel zu sehr in der Zuckerverbrennung und weniger in der Fettverbrennung unterwegs sind, wie ich es täglich durch meine Stoffwechselmessung in der Praxis sehe, fehlen Ihnen auch die Fette als wichtiger Energielieferant und man fühlt sich nicht mehr so leistungsfähig.

Obwohl Studien gezeigt haben, dass es auch bei höheren Dosierungen zu keinen Nebenwirkungen gekommen ist, würde ich Patienten mit Herz- oder Lungenkrankheiten eher nicht dazu raten, Himbeerketone zusätzlich einzunehmen.

Bei Himbeerketonprodukten sollten Sie auf jeden Fall auf Produkte achten, die der Norm entsprechen und von denen man weiß, wo sie herkommen.

5.2.7 Süßholzwurzel

Wie wir ja alle wissen ist bei Übergewicht die Gefahr größer, an verschiedenen Erkrankungen wie Diabetes, Bluthochdruck oder Herz-Kreislauf-Erkrankungen zu erkranken. Das Fettverteilungsmuster mit einem höheren Anteil an Bauchfett, wie es zum Beispiel beim sogenannten Apfeltyp vorkommt, ist dabei besonders gefährlich. Apfeltypen sind die Menschen mit einem dicken Bauch und vergleichsweise dünnen Beinen.

Für die Entstehung des Bauchfetts, auch Visceralfett genannt, spielt ein bestimmtes Enzym eine wichtige Rolle, dass sich 11β-Hydroxy-Steroiddehydrogenase nennt. Davon gibt es einen Typ 1 und einen Typ 2. Typ 1 ist bei einer gesteigerten Aktivität für eine erhöhte Fetteinlagerung im Bauch und für eine vermehrte Bildung des Stresshormons Kortisol aus Kortison verantwortlich, welches wiederum zu einer Erhöhung des Blutzuckers führt und den Eiweißabbau fördert. Aber Kortisol führt auch dazu, dass aus den Präadipozyten, also den Vorläuferfettzellen, Adipozyten werden, wodurch wieder noch mehr von dem Typ-1-Enzym gebildet wird. Typ 2 wiederum erhöht die Inaktivierung von Kortisol zu Kortison. Es handelt sich dabei also um den umgekehrten Mechanismus

Hat man nun also zu viel von dem Typ 1 oder zu wenig von dem Typ 2, dann kommt es zu einem Ungleichgewicht.

Und hier setzt die Wirkung von der Süßholzwurzel (Glycyrrhiza glabra) ein. Dieses Phytotherapeutikum hemmt nämlich die Aktivität vom Typ 1 des Enzyms.

Das haben chinesische Wissenschaftler bereits 2010 in einer Studie herausgefunden.

Übrigens, eine neue Studie aus dem Jahre 2020 zeigt, dass ein Metabolit der in der Süßholzwurzel vorkommenden Glycyrrhizinsäuren effektiv bei Magenkrebs hilft.

5.2.8 Cholin

Cholin ist den meisten von Ihnen wahrscheinlich weniger bekannt. Es stammt von dem altgriechischen Wort Chole für Galle ab. Über den Neurotransmitter Acetylcholin verarbeitet es die Informationsweitergabe in unserem Gehirn. Wenn also nicht genügend Cholin in unserem Körper vorhanden ist, kommt es zu Konzentrationsschwächen und es kann dazu führen, dass man Sachen leichter vergisst. Und die Konzentration von Cholin nimmt leider im Alter ab.

Zudem können bei Sportlern trotz Trainingspausen bestimmte Techniken und Bewegungsabläufe durch ein Muskelgedächtnis mithilfe des Cholins schnell wieder abgerufen werden.

Da Cholin auch den Hippocampusbereich im Gehirn wirkt, beeinflusst es auch die Resilienz. Der Hippocampus reguliert nämlich die zirkadiane Hormonproduktion. Nehmen wir da mal als Beispiel das Stresshormon Kortisol. Natürlicherweise wird es morgens vermehrt ausgeschüttet und nimmt zum Abend hin ab. Nun kann es aber sein, dass durch Stress oder auch einer intensiven Sportbelastung diese tageszeitliche Rhythmik gestört ist. Man fühlt sich dann morgens eher müde und ist am Tag nicht so leistungsfähig und abends kann man dann nicht einschlafen. Hierfür kann die zusätzliche Einnahme von Cholin helfen.

Aber nicht nur für die Psyche und die Kognition ist es wichtig. Es hat auch einen wichtigen Einfluss auf unseren Stoffwechsel, denn es fördert die Spaltung von Fett und den Transport von Fetten aus der Leber. Dadurch kann mehr Fett abgebaut werden und das Körpergewicht reduziert werden. In einer Studie mit 22 Kampfsportlern konnte diese Gewichtsreduktion durch die Einnahme von alpha-Glycerylphosphorylcholin (alpha-GPC) signifikant belegt werden.

Als letztes sollte noch erwähnt werden, dass Cholin das Wachstumshormon stimuliert, wodurch die Kraft und die Muskelmasse erhöht und die Fettmasse zusätzlich vermindert wird. Zur Gewichtsreduktion sollten ca. 300–500 mg eingenommen werden. Und das am besten am Morgen, da der Schlaf dadurch beeinträchtigt werden kann. Das wollen wir ja schließlich auch nicht.

Für alle diejenigen, die nicht den ganzen Tag auf einem Süßholz rumkauen, Orangenschalen lutschen oder Chilischoten essen wollen: Es gibt diese Substanzen natürlich mittlerweile alle auch als Nahrungsergänzungsmittel.

Nun haben Sie einen guten Überblick über die besten Stoffwechselbooster erhalten. Im folgenden Abschnitt wird es um freie Radikale, oxidativen und nitrosativen Stress gehen.

5.3 Freie Radikale, oxidativer und nitrosativer Stress

Von freien Radikalen haben Sie möglicherweise schon einmal gehört, weil sie in Zusammenhang mit verschiedenen Erkrankungen wie Arteriosklerose oder Krebs oder das vorzeitige Altern gebracht wurden. Sicherlich gibt es aber noch den einen oder anderen, der nicht weiß, was sie genau sind und was für eine Bedeutung sie für unsere Gesundheit und unseren Körper und damit für die Prävention von Erschöpfungszuständen haben.

Freie Radikale können exogen oder endogen entstehen. Zu den exogenen, also äußerlichen Faktoren gehören zum Beispiel Umwelteinflüsse wie UV- Strahlung oder Ozon, aber auch Zigaretten, Pestizide, Medikamente, Autoabgase oder Stress. Endogen, also innerhalb von physiologischen Stoffwechselvorgängen, entstehen sie immer als Nebenprodukt bei jenen Prozessen, die mit Sauerstoff ablaufen. Zum Beispiel beim Sport. Teilweise sind sie auch erwünscht, da sie Bakterien und Viren bekämpfen können. So sieht man zum Beispiel eine vermehrte Radikalbildung von den Makrophagen, das sind die körpereigenen Fresszellen bei einem Infekt.

Damit aber die freien Radikale nicht die Oberhand gewinnen, gibt es in unserem Körper ein antioxidatives System, um übermäßige Radikale zu neutralisieren.

Freie Radikale sind nämlich sehr reaktionsfreudig und im Verlauf können sie durch immer weitere Reaktionen eine Kettenreaktion auslösen, bei der immer weitere von ihnen gebildet werden, sie Organe angreifen und es schließlich zu Erkrankungen kommen kann. Besonders angreifbar sind die fetthaltigen Strukturen der Zellmembranen und des Zellkerns. Wenn also mehr freie Radikale im Organismus vorhanden sind als ausgeglichen werden können, entsteht oxidativer Stress.

Über das Blut kann die antioxidative Kapazität und der antioxidative Stress in Speziallaboren ermittelt werden. Das antioxidative Schutzsystem besteht aus Enzymen, Vitaminen und Mineralien sowie Aminosäuren. Wie man die Zellen mit ihrer Hilfe vor zu aggressiven freien Radikalen schützen kann, erkläre ich später noch etwas genauer.

Unter nitrosativem Stress versteht man eine vermehrte Belastung des Körpers durch Stickstoffmonoxid, welches unter der chemischen Formel NO firmiert. Es ist also aus einem Stickstoffatom (N) und einem Sauerstoffatom (O) aufgebaut. Es handelt sich dabei um ein Giftgas, das gleichzeitig aber für unser Leben unverzichtbar ist. Die Bildung von Stickstoffmonoxid ist ein physiologischer Prozess, der bei zahlreichen Stoffwechselprozessen begleitet wird. Es wird also von vielen Zellen natürlicherweise gebildet. NO ist in normalen Dosen durchaus erwünscht, da es positive Einflüsse auf den Gefäßtonus hat, also die Gefäßmuskulatur erschlaffen lässt, damit die Blutgefäße erweitert werden, was zum Beispiel zu einem Absinken des Blutdrucks führt. Außerdem ist es wichtig für das Immunsystem und reguliert das zentrale und das periphere Nervensystem.

Nun ist es aber wie so häufig in der Medizin, dass die Dosis das Gift macht. So auch hier.

Durch eine übermäßige Einwirkung von Stickstoffmonoxid durch Umweltemissionen wie zum Beispiel Autoabgase, aber auch Entzündungen oder bakterielle Infektionen sowie der Einnahme von Medikamenten oder durch Nikotin kann es zu einer übermäßigen Bildung von NO kommen, welches sich dann belastend auf den Körper auswirken kann. Dadurch kommt es dann zu einer vermehrten Bildung von NO-Radikalen, wie wir es schon beim oxidativen Stress kennengelernt haben. Nur spricht man jetzt nicht von oxidativem, sondern eben vom nitrosativen Stress. Es entstehen dabei relativ aggressive Folgeprodukte wie Nitrotyrosin und Peroxynitrit.

Das hat zur Folge, dass Enzyme aktiviert werden, die wiederum den Zyklus der Bildung des nitrosativen Stress aufrechterhalten und einen Teufelskreis in Gang setzen.

Nun werden die Mitochondrien, die eine wichtige Aufgabe für unsere Energiegewinnung und unseren Stoffwechsel übernehmen, beschädigt. Darunter leiden zunächst die körperlichen Strukturen, die besonders von einem gut funktionierenden Energiesystem abhängig sind, nämlich die Muskulatur und das zentrale Nervensystem. Und das kann zu Müdigkeit und Schmerzen führen.

Der nitrosative Stress kann laborchemisch über oben genannte Folgeprodukte Nitrotyrosin und Peroynitrit im Blut bestimmt werden.

Mit der Gesundheit unserer Mitochondrien, die bei der Prävention von Burnout eine Schlüsselrolle spielen, beschäftigt sich die sogenannte Mitochondriale Medizin.

5.4 Mitochondriale Medizin

Die Mitochondrienmedizin ist eine relativ neuartige Therapieform, die den Vorteil hat, dass sie an die Ursache der Erkrankung herangeht und nicht lediglich die Symptome mit Medikamenten bekämpft, mit denen wiederum andere Beschwerden im Form von Nebenwirkungen entstehen.

Zu Beginn steht natürlich erst einmal das Auffinden mit einer Reduzierung bzw. Ausschaltung der auslösenden Belastung.

Ich habe vorhin die Mitochondrien erwähnt. Aber was sind Mitochondrien überhaupt? Sie werden als die Kraftwerke der Zellen bezeichnet und sind in diesen teilweise zu Tausenden wie in den Herzmuskelzellen vorhanden. In ihnen läuft die Atmungskette ab, worüber ein Energiemolekül entsteht, das sich Adenosintriphosphat nennt, kurz ATP. Es besteht aus dem Nucleosid Adenosin, also einer Verbindung aus der Nucleinbase Adenin und dem Ribosezucker, an das drei (tri) Phospate angehängt sind. Ohne ATP kann unser Körper weder geistige noch körperliche Leistung vollbringen. Deswegen ist es sinnvoll, die Menge des ATP in unserem Körper möglichst hochzu-

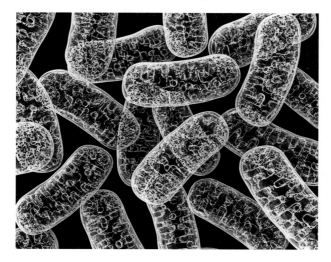

Abb. 5.2 Mitochondrien. (Quelle: IStock.com)

halten. Und das können wir durch gut funktionierende Mitochondrien erreichen.

Wenn man sich ein Mitochodrium (vgl. Abb. 5.2) anschaut, erkennt man, dass es einer Bohne recht ähnlich sieht. Es gibt eine innere und eine äußere Membranschicht. Die äußere ist eher glatt, die Innere gefaltet. In dieser findet die ATP- Produktion statt. Besonders erwähnenswert finde ich zudem, dass in den Mitochondrien ein Teil unserer DNA gespeichert ist.

Fühlt man sich nun eher kraftlos und müde, kann es daran liegen, dass die Mitochondrien nicht mehr vernünftigen arbeiten und somit auch nicht genügend Energie produzieren. Eine wichtige Erkenntnis bei der Prävention von Erschöpfung und Burnout!

„Durch die ganzheitliche Behandlung inklusive der Mitochondrientherapie und eines gezielten Sportprogramms ließ meine Müdigkeit nach und die Konzentration hat sich verbessert. Dazu kommt eine insgesamte Steigerung der Vitalität, ich bin leistungsfähiger und habe kaum bis keine Infekte (3-Jahres-Zeitraum)" (Projektleiter beim Zoll, 50 Jahre).

Die Mitochondrien sind aber nicht nur essenziell für zahlreiche Stoffwechselvorgängen, sie helfen dem Körper auch, indem sie veraltete Zellen in die Apoptose schickt. Hierunter versteht man den programmierten Zelltod. Zellen mit einer Fehlfunktion sterben dadurch ab und unsere Organe bleiben gesund.

Es gibt eine Reihe von angeborenen Mitochondriopathien, die eine genetische Ursache haben. Mittlerweile gibt es aber Studien, das erworbene Fehlfunktionen der Mitochondrien zu verschiedenen Erkrankungen führen können.

Hierzu gehören zum Beispiel:

- Chronische Erschöpfungszustände/Burnout
- Allergien
- Rheuma
- Herzerkrankungen
- Multiple Sklerose
- Autoimmunerkrankungen

Als Ursache sieht man hierfür den oben genannten oxidativen/nitrosativen Stress, der durch seine übermäßige Radikalbildung zu einer „silent inflammation", also einer stillen Entzündung im Körper führt, die unterschwellig voranschreitet, ohne dass man es merkt.

Um dem entgegenzuwirken, hat es sich die Mitochondrienmedizin zur Aufgabe gemacht, der Zerstörung weiterer Mitochondrien entgegenzuwirken bzw. die Regeneration dieser zu fördern. Dieses Konzept beinhaltet unterschiedliche Ansatzpunkte, die ich im folgenden Abschnitt näher erklären möchte.

5.5 Mehr Power durch Vitamine und Mineralstoffe – das Geheimnis der Orthomolekularen Medizin

Die Ortholmolekulare Medizin ist ein wichtiger Bereich für die Bekämpfung der freien Radikale, die beim oxidativen und nitrosativen Stress entstehen, welche die Mitochondrien im Verlauf schädigen können.

Durch diesen präventiven Ansatz wird die mitochondriale Atmungskette reguliert und die Mitochondrien in Ihrer Regeneration stimuliert, der nitrosative Stress gemindert, die Zellmembranen erhalten einen antioxidativen Schutz und radikalbedingte Entzündungsprozesse werden gehemmt;[2] ein wesentlicher Erfolgsfaktor beim Thema Leistungssteigerung!

> „Mein Ziel war ganz klar, meine persönliche Performance und Leistung zu steigern. Ich war in einen starken Eisenmangel gerutscht und habe damit den Hebel für meine persönliche Performancesteigerung identifiziert. Kombiniert mit einer hohen Vitamin-D-Versorgung und anderen wertvollen Mineralstoffkombinationen habe ich den gewünschten Erfolg erzielen können"
> (Geschäftsführerin in der Gesundheitsbranche, 32 Jahre).

Zu den bekanntesten Antioxidantien gehören die beiden Vitamine C und E.

---

[2] Die folgenden Informationen zu den verschiedenen Vitaminen und Mineralstoffen entstammen zahlreicher Studien, die im Literaturverzeichnis aufgeführt sind.

5.5.1 Vitamin C

Vitamin C, auch unter dem Namen Ascorbinsäure bekannt, ist ein wasserlösliches Vitamin (wie auch die B-Vitamine). Das bedeutet, dass es bei höherer Dosierung über die Nieren ausgeschieden wird. Da die Resorption und damit die Bioverfügbarkeit mit zunehmender Dosierung abnimmt, ist es sinnvoll, es über den Tag verteilt in drei Dosen einzunehmen.

5.5.2 Vitamin E

Vitamin E hingegen ist ein fettlösliches Vitamin (wie auch die Vitamine D, K und A) und ist ein Bestandteil aller Membranen im menschlichen Körper. Eine besondere Aufgabe ist der Schutz von mehrfach ungesättigten Fettsäuren, in dem eben nicht die Fettsäuren, sondern das Vitamin selber oxidiert wird.

Vitamin C und Vitamin E haben eine synergistische Wirkung. Wenn nämlich das Vitamin E oxidiert wird, entsteht ein Radikal, welches wiederum durch Vitamin C in seine Ausgangsform reduziert wird.

Neben diesen beiden Vitaminen weisen aber auch verschiedene Pflanzenstoffe eine antioxidative Potenz auf. Besonders OPCs, Quercetin, Curcumin und Resveratrol, seien hier zu erwähnen. Auch sie können Vitamin C und E regenerieren, den NO-Stoffwechsel regulieren und die Mitochondrien stärken. OPC steht für Oligomere Proanthocyanidine, also vitalstoffreiche sekundäre Pflanzenstoffe.

Verschiedene Studien zeigen, dass auch die Alpha-Liponsäure die Funktion der Mitochondrien fördert. Es handelt sich hierbei um einen vitaminähnlichen schwefelhaltigen Stoff, der zwar im Körper hergestellt werden kann, aber bei Erkrankungen defizitär vorliegt. Alpha-Liponsäure übernimmt eine wichtige Funktion in der Energieherstellung, da sie Bestandteil von Enzymen ist, die bei der Umwandlung von Zucker in Energie notwendig sind, sie schützt die Zellen und das Gewebe als Antioxidans und unterstützt die Entgiftung, da sie Schwermetalle binden kann.

Außerdem werden durch sie auch andere Antioxidantien recycelt.

Die Alpha-Liponsäure kommt in zwei verschiedenen Formen vor, nämlich in der R- und in der S- Form. Studien haben gezeigt, dass die R- Form vom Körper besser aufgenommen wird, weswegen ich diese Art empfehlen würde, wenn man die Alpha-Liponsäure als Nahrungsergänzungsmittel substituieren möchte.

5.5.3 Coenzym Q 10

Coenzym Q 10 ist ein wahrer Powerstoff. Es ist ebenfalls bei der Energiegewinnung in der mitochondrialen Atmungskette beteiligt. Leider merke ich immer wieder, dass der Q-10-Gehalt bei den Blutmessungen, die ich bei meinen Patienten durchführe, teilweise deutlich zu niedrig ist. Durch seinen schützenden Effekt vor antioxidativem und nitrosativem Stress wäre aber gerade bei Patienten mit Erschöpfung eine zusätzliche Behandlung mit diesem Energielieferanten sehr sinnvoll. Eine japanische Studie aus dem Jahre 2008 bestätigte leistungserhaltende Effekte durch eine Substitution mit Q 10 bei körperlicher Belastung und eine weitere Studie zeigte, dass zusätzlich auch noch die kognitive Leistungsfähigkeit verbessert werden konnte.

5.5.4 NADH

Das aus dem Vitamin Niacin oder der Aminosäure Tryptophan gebildete NADH ist mein Geheimtipp.

Als Coenzym ist es an zahlreichen Redoxreaktionen des Stoffwechsels beteiligt. Es unterstützt also ebenfalls die Mitochondrien bei der Energiegewinnung. Es reagiert mit Sauerstoff und daraus entsteht Wasser und ATP.

$$NADH + O_2 = H_2O + ATP$$

Das bedeutet also: Je mehr NADH wir für unsere Zellen haben, desto mehr Energie in Form von ATP kann gebildet werden.

In Stresssituationen kommt es zu einem erheblichen Mehrverbrauch an NADH, das dann für die weitere Energiebildung fehlt.

Zusätzlich ist NADH über die vermehrte Bildung von den Neurotransmittern Dopamin und Noradrenalin eine wichtige Substanz für diverse Gehirnprozesse.

5.5.5 B-Vitamine

Vitamin B12 gilt als ein wichtiger NO-Fänger. Bei starkem nitrosativem Stress kann es dann zu einem Mangel an Vitamin B12 kommen, weswegen hier auch besonders drauf zu achten ist, weil es zu einer Müdigkeit mit kognitiven Störungen führen kann. Außerdem wird das Risiko für eine Demenz erhöht.

Auch andere B-Vitamine wie zum Beispiel B6 oder Folsäure haben antioxidative Fähigkeiten oder werden im Citratzyklus zur Energiegewinnung benötigt. Verschiedene Studien konnten belegen, dass es einen engen Zusammenhang zwischen einem Vitamin B6 und einem Folsäuremangel mit dem Entstehen von Depressionen gibt. Gleiches gilt für Vitamin B1.

Niedrige Spiegel von Vitamin B2 und B3 führen wie auch bei Vitamin B12 beschrieben zu einer Verminderung der Kognition.

Vitamin B5 wiederum wird für die Funktion der Gehirnzellen benötigt und Biotin unterstützt den Glukosestoffwechsel, der die Hauptenergiequelle für das Gehirn ist.

5.5.6 Curcumin

Curcumin ist ein natürlicher Pflanzenstoff aus der Gelbwurz. Es hat ebenfalls ein hohes antioxidatives Potenzial, schützt besonders die Gefäße und hat entzündungshemmende Eigenschaften. Durch seine Funktion als Peroxynitritfänger zeigt es zudem gute Fähigkeiten, den nitrosativen Stress zu bekämpfen.

5.5.7 Taurin

Auch die Aminosäure Taurin, vielen vielleicht schon bekannt durch einen Energydrink, vermindert nitrosativen Stress, indem es den Abbau von Peroxynutrit beschleunigt. Hierdurch kann die Nitrierung der Aminosäuren Arginin, Tryptophan, Tyrosin und Phenylalanin reduziert werden und sie können ihre natürliche Funktion wie zum Beispiel die Bildung von Hormonen besser durchführen.

Das heißt jetzt natürlich nicht, dass ich rate, Energydrinks mit Taurin zu konsumieren. Da ist einfach viel zu viel Zucker drin. Es gibt Taurin aber auch einzeln oder in Kombination in verschiedenen Nahrungsergänzungsmitteln.

5.5.8 Magnesium

Magnesium wird auch als das Antistressmineral bezeichnet. Es ist ein wichtiges Molekül für die Bildung von Energie in Form von ATP und reguliert durch eine Hemmung NMDA-Rezeptoren im Gehirn Stressreaktionen und Angstzustände. Leider herrscht in unserer Bevölkerung bei ca. 50 % eher eine Unterversorgung mit Magnesium.

5.5.9 Vitamin D

Vitamin D wird auch als das Sonnenvitamin bezeichnet. Für seine Herstellung werden nämlich UV-Strahlen benötigt. Leider bekommen wir aber davon zu wenig ab, weil entweder in unseren Breitengraden die Sonne zu wenig scheint, wir zu wenig nach draußen gehen oder die UV-Strahlung durch Sonnencreme blocken, damit unsere Haut einen Sonnenbrand nicht geschädigt wird.

Ein Mangel an Vitamin D kann nun aber zu einer verstärkten Müdigkeit bis hin zu depressiven Verstimmungen führen.

Ich sehe durch regelmäßige Blutmessungen bei fast allen meiner Patienten einen Mangel. Wenn man die Werte allerdings gemessen hat, kann man auch höher dosieren, um die Minderversorgung rasch auszugleichen.

Vitamin D stärkt übrigens auch das Immunsystem, wodurch Krankheitstage mit einem entsprechenden Ausfall der beruflichen Tätigkeit und ggf. damit einhergehend einem verminderten Einkommen bei Selbständigen signifikant gemindert werden konnte.

5.5.10 Eisen

Besonders häufig erkenne ich bei Frauen einen Eisenmangel als Grund für ihre Abgeschlagenheit und Konzentrationsstörungen. Das liegt in der Natur, da Frauen jeden Monat während Ihrer Menstruation Blut und damit auch das daran gebundene Eisen verlieren. Aber auch Vegetarier müssen darauf achten, da die Hauptzufuhrquelle von Eisen Fleisch ist. Ein Eisenmangel bei Männern ist meiner Erfahrung nach nicht so häufig, kommt aber auch ab und zu mal vor.

Eisen bindet Sauerstoff und verteilt ihn im Körper. Wenn nun also nicht genügend Eisen vorhanden ist, kann der Sauerstoff auch nicht zu den Zellen gelangen und dort seine wichtige Aufgabe für die Energieproduktion vollziehen.

„Ich habe vorher – ehrlich gesagt – zwar immer an die Kraft der Nährstoffe geglaubt, habe sie aber aus Ermangelung eines konkreten und auf mich abgestimmten Plans nie genutzt. Jetzt weiß ich, welche Vitamine und Mineralien ich in welcher Dosierung einnehmen soll und habe zusätzlich von Nährstoffen erfahren, von denen ich vorher noch nichts gehört hatte. Davon profitiere ich tagtäglich. Mein Immunsystem und Stoffwechsel sind ins nächste Level gehoben!"
(Director Business Development und Head of Consulting in der IT Branche, 50 Jahre).

Durch diese Erläuterungen haben Sie gelernt, dass Stress bereits in der Zelle beginnt und eine gute Versorgung mit Nährstoffen essenziell ist.

Für eine optimale Aufnahme der Nährstoffe wird nun aber ein Verdauungssystem benötigt, dass auch wirkungsvoll funktioniert.

Und so kommen wir zum nächsten Thema – dem Darm.

6

Der Darm – das unterschätzte Organ

Der Darm ist ein unfassbar wichtiges Organ, das leider noch immer viel zu wenig Aufmerksamkeit bekommt. Ich merke das täglich bei mir in der Praxis, wie es den Leuten schwerfällt, über ihre Stuhlgewohnheiten zu reden. Wobei sich das in Zeiten von „Darm mit Charme" (Giulia Enders, Ullstein Verlag 2017) Gott sei Dank in die richtige Richtung bewegt. Allerdings denken noch viele Leute, dass ihr sogenanntes „Reizdarm-Syndrom" einfach nur dem Stress geschuldet ist. Stress verstärkt die Beschwerden zwar, wie ich gleich noch beschreiben werde, muss aber nicht allein als Ursache abgetan werden und man kann auch etwas dagegen unternehmen. Verstärkt wird es bedauerlicherweise auch durch Mediziner, die sich einfach nicht ausreichend mit dem Organ auskennen und nach einer Stuhluntersuchung auf pathogene Keime (hierzu gehören zum Beispiel die Salmonellen) und einer Darmspiegelung nichts finden und ihren Patienten dann mitteilen, dass der unregelmäßige Klogang stressbedingt ist und man diesen

© Der/die Autor(en), exklusiv lizenziert durch Springer Fachmedien Wiesbaden GmbH, ein Teil von Springer Nature 2021
M. Mallison und D. Harbs, *Burnout ist out,* Fit for Future,
https://doi.org/10.1007/978-3-658-34660-7_6

lediglich reduzieren müsse. Therapeutische Hinweise, was man genau tun kann, bleiben dann aus. Aber schauen wir uns den Darm zunächst einmal genauer an, um zu erkennen, wie wichtig dieses Organ bei der Prävention von Erschöpfung und Burnout ist.

6.1   Der Darm, unser zweites Gehirn

Der Darm wird nicht umsonst seit neuesten Studien als das 2. Gehirn bezeichnet. Dort interagieren 500 Mio. Nervenzellen. Das sind mehr als im gesamten peripheren Nervensystem zusammen. Über den Vagusnerv besteht eine Verbindung zwischen dem Darm und dem Gehirn, wobei der Großteil der Information in genau dieser Richtung verläuft und nicht umgekehrt wie früher angenommen. Der Vagus ist im Übrigen auch für den Herzschlag verantwortlich, der gerade bei gestressten Menschen häufig erhöht oder nicht ausreichend variabel ist. Die Kommunikation der Zellen erfolgt über die gleichen Neurotransmitter wie beim Gehirn.

Diese Darm-Hirn-Achse wird durch Stress moduliert und kann bei chronischer Belastung Störungen im Magen-Darm-Trakt auslösen oder verschlimmern.

Das Stresshormon Kortisol bewirkt unter anderem eine Öffnung der Darmbarriere, damit der Körper möglichst viel Energieträger aufnehmen kann. Die Folge davon kennt der eine oder andere vielleicht auch von sich, wenn der Stuhldrang in so einer Situation plötzlich stärker wird und in einem Durchfall resultiert.

Wenn man sich die ganze Sache mal aus evolutionärer Sicht anschaut, müsste man eigentlich sagen, dass der Darm nicht das 2., sondern das 1. Gehirn darstellt. Primitive vielzellige Organismen hatten nämlich bereits einen Verdauungstrakt mit einem sogenannten enteritischen Nervensystem (die griechische Bindeform enter/o verweist auf den Darm). Ein Gehirn konnte man bei denen allerdings nicht finden.

6.2 Darmflora

Im Darm leben ca. 100.000 Mrd. Bakterien und kommen auf ein Gewicht von ungefähr 1,5 kg. Diese verteilen sich auf 160 von 1000 verschiedenen Bakterienarten. Also eine ganze Menge. Diese Bakterien sind natürlich nicht schädlich wie diejenigen, die zum Beispiel eine Mandelentzündung oder einen Harnwegsinfekt verursachen und müssen daher nicht mit Antibiotika behandelt werden. Im Gegenteil, sie sind sehr nützlich und helfen bei der Verdauung. Die verschiedenen Bakterienpopulationen müssen aber in einem gewissen Verhältnis zueinander liegen.

Häufig kommt es vor, dass aufgrund von einer Fehlernährung oder einer Antibiotikatherapie in der Vergangenheit ein Ungleichgewicht vorliegt. Dann spricht man von einer Dysbiose.

Antibiotika werden bei bestimmten bakteriellen Infekten verschrieben, leider oftmals auch bei viralen Erkrankungen. In solchen Fällen helfen sie nicht gegen die Entzündung, sondern haben nur schlechte Nebenwirkungen. Sie zerstören leider auch die guten Bakterien im Darm. Im Verlauf können sich die Bakterien in der Regel wieder regenerieren. Da es aber ja unterschiedliche Bakterienpopulationen gibt, kommt es häufig vor, dass Fäulnisbakterien die Oberhand gewinnen, welche jedes Mal, wenn Sie bestimmte Nahrungsmittel zu sich nehmen, zur Bildung von Fäulnisgasen führen. Die Folge davon sind schmerzhafte Blähungen, aber auch Durchfall oder Verstopfung. Eben typische Symptome des

„Reizdarmsyndroms". Deswegen bin ich mit einer Antibiotikatherapie auch eher zurückhaltend und verschreibe,
wenn man um Antibiotika nicht herumkommt, auch
immer Probiotika als Begleittherapie.

Aber auch Stress führt zu einer Veränderung der Darmbakterien. Der Einfluss geht bilateral. Auf der einen
Seite verstärkt Stress durch eine nicht mehr optimale
Mikrobiota im Darm die Magen-Darm-Beschwerden,
aber auch umgekehrt, wenn diese Dysbiose schon vorher
bestanden hatte, sind die Menschen auch empfindlicher
gegenüber Stressbelastungen und reagieren auf sie stärker,
was wiederum auch zu kognitiven Störungen führen kann.

Eine Studie zeigte im Übrigen, dass Mäuse, denen
Darmbakterien von depressiven Patienten transplantiert
wurden, ebenfalls Symptome einer Depression ent-
wickelten. Die Gehirnchemie wird also auch durch Darmbakterien beeinflusst.

6.3 Probiotika

Probiotika sind gutartige Darmbakterien, die einer
Dysbiose im Darm entgegenwirken können. Zu solchen
Bakterien gehören zum Beispiel die Bifidobakterien,
Lactobazillen (Milchsäurebakterien) und Enterokokken,
aber auch Hefepilze.

Durch diese Probiotika können Fäulnisbakterien, die
häufig im Darm die Oberhand gewinnen, erfolgreich
bekämpft werden. Man muss sich das ungefähr so vorstellen: Oft herrscht im Darm ein zu basisches Milieu, das
heißt der pH-Wert ist zu hoch. Das ist aber ein Umstand,
den die Fäulnisbakterien lieben. Gibt man nun die Probiotika, hat man eine Armee von Bakterien, die den
Darm ansäuern und sich ihr Milieu schaffen, dass sie
gerne mögen. Die anderen werden dadurch erfolgreich

verdrängt. Dadurch werden weniger Gase gebildet und der Stuhlgang kann sich wieder regulieren.

Studien haben aber zudem gezeigt, dass Probiotika auch in die Stressachse eingreifen und das Stresshormon Kortisol reduzieren. Die Auswirkungen, die ein dauerhaft erhöhter Kortisolspiegel auf den Körper hat, können dadurch reduziert werden. Hierzu gehören:

- Erschöpfung
- Depressive Verstimmung
- Schlafstörungen
- Bluthochdruck
- Konzentrationsstörungen
- Immunstörungen/Infektanfälligkeit

Außerdem konnte in einer Studie belegt werden, dass durch Probiotika sogenannte entzündungsfördernde Zytokine in ihrer Anzahl reduziert werden.

Eine Forschergruppe aus Irland hat in einer neuen Studie jetzt sogar bewiesen, dass die Darmflora und der Serotoninspiegel in unmittelbarem Zusammenhang stehen. Serotonin ist das „Glückshormon", welches häufig bei Patienten mit einer Depression erniedrigt ist.

Ein gut funktionierender Darm ist also nicht nur für die optimale Aufnahme der wichtigen Nährstoffe essenziell, sondern auch für die Stressbewältigung, den Stoffwechsel und die allgemeine Stimmungslage.

Was ebenfalls wichtig für den Erhalt der Leistungsfähigkeit und der Prävention von Erschöpfungszuständen ist, ist ein erholsamer Schlaf.

Deshalb wollen wir den Schlaf und seine Wichtigkeit im Zusammenhang mit der Gesunderhaltung im folgenden Kapitel genauer betrachten.

7

Schlafend fit in die Zukunft

Im vergangenen Kapitel haben wir die Geheimnisse eines funktionsfähigen Darms gelüftet. Nun werden wir das Thema Schlaf und seine Rolle in der Burnoutprävention näher beleuchten.

7.1 Die Rolle des gesunden Schlafs für Leistungsfähigkeit und Zellgesundheit

Der Schlaf ist ein ungeheuer wichtiger Teil unseres Lebens. Während des Schlafens regeneriert sich unser Körper und unser Geist aktiv. Der Schlaf reguliert zum Beispiel auch den Stoffwechsel und das Immunsystem. Erlebnisse oder Sinneseindrücke, die man während des Tages durchgemacht hat, werden in der Schlafphase verarbeitet. Auch finden in der Zeit Wachstumsprozesse statt und die Zellen

© Der/die Autor(en), exklusiv lizenziert durch Springer Fachmedien Wiesbaden GmbH, ein Teil von Springer Nature 2021
M. Mallison und D. Harbs, *Burnout ist out*, Fit for Future, https://doi.org/10.1007/978-3-658-34660-7_7

erneuern sich. Leider ist es so, dass viele Menschen zu wenig schlafen. Es ist allerdings schwierig, eine bestimmte Stundenzahl zu nennen, die man schlafen sollte, da jeder Mensch anders ist. Es gibt aber Richtwerte. Erwachsene benötigen in der Regel 7–9 h und Senioren 7–8 h Schlaf. Generell kann man sagen, dass man zu wenig schläft, wenn man sich am Tag nicht erholt fühlt. Das führt dann zu einer verminderten Leistungsfähigkeit und kann den beruflichen Alltag deutlich beeinträchtigen.

> „Durch die Behandlung hat sich mein gesamtes Wohlbefinden verbessert - trotz unverändert großer Arbeitsbelastung und Stress am Arbeitsplatz! Besserer Schlaf, Bewegung und Ernährung (Leberfasten) haben dazu geführt, wieder aktiver zu werden"
> (Lehrerin, 59 Jahre).

In meiner Praxis und bei meinen Beratungen fällt immer mehr auf, dass viele Menschen aufgrund ihres Stresses abends nicht runterkommen können. Das geht sogar so weit, dass sie vermehrt zum Alkohol greifen müssen. Das fördert zwar das Einschlafen, der Schlaf ist aber insgesamt weniger erholsam. Und was ein regelmäßiger Alkoholkonsum für Konsequenzen haben kann, das muss ich Ihnen ja nicht erläutern.

7.1.1 Melatonin

Einer der wichtigsten Faktoren unseres Schlafs nennt sich Melatonin. Es ist unser Schlafhormon. Melatonin wird in der Zirbeldrüse, einem Teil des Zwischenhirns, gebildet und steuert unseren Tag-Nacht-Rhythmus. Sobald es dunkler wird, produziert der Körper vermehrt Melatonin und die schlaffördernde Wirkung entfaltet sich. Melatonin wird aus der Aminosäure Tryptophan gebildet. Hierfür werden verschiedene Vitamine und Mineralien benötigt, die direkt oder indirekt an der Entstehung von Melatonin mitwirken. Hierzu gehören die B Vitamine 3, 6, 12 und Folsäure sowie Zink und Magnesium. Ist die Ausgangssubstanz oder einer der Co-Faktoren nicht ausreichend vorhanden, kann schon mal gar nicht genug Melatonin gebildet werden. Serotonin, das Glückshormon, im Übrigen auch nicht. Es ist nämlich eine Vorstufe und Melatonin wird quasi aus Serotonin gebildet.

Helligkeit schadet nun also der Melatoninproduktion. Deswegen ist es nicht empfehlenswert, noch spät am Abend vor der Flimmerkiste zu sitzen. Ich zum Beispiel habe mir auch angewöhnt, wenn ich mal nachts auf die Toilette muss, gar kein Licht mehr anzumachen. Eine gute Alternative zu Filmen am Abend sind im Übrigen Hörbücher.

Wissenschaftler haben herausgefunden, dass mit zunehmendem Alter der Melatoningehlat im Körper abnimmt. Wer nun unter einem Melatoninmangel leidet, kann das Hormon auch oral einnehmen und dadurch seine Schlafqualität verbessern. Eine gute Alternative wäre ansonsten auch die Ausgangssubstanz, also die Aminosäure Tryptophan, zu verwenden.

Als Sportmediziner empfehle ich meinen Patienten natürlich auch immer Sport, allerdings sollten Sie auf späte intensive Einheiten verzichten. Die sind nämlich alles andere als schlaffördernd. Versuchen Sie deswegen, Ihr Sportprogramm vor 18 Uhr durchzuführen.

7.1.2 Baldrian, Melisse und Ashwagandha

Diese drei Pflanzen haben eine beruhigende Wirkung und fördern dadurch einen erholsamen Schlaf. Während

Baldrian und Melisse den meisten Menschen ein Begriff
ist, ist die Schlafbeere, die auch als Ashwagandha oder
indischer Ginseng bezeichnet wird, den meisten nicht so
bekannt. Die Ashwagandha gehört seit 3000 Jahren zu
den gebräuchlichsten Medizinalpflanzen in Indien und hat
als Inhaltsstoffe unter anderem Somnin und Somniferin.
Hierbei ist das Wort Somnus erhalten, das ist lateinisch
und bedeutet Schlaf. Die Schlafbeere hat also eine ent-
spannende Wirkung und stärkt die mentale und körperliche Widerstandsfähigkeit bei Stress.

7.1.3   CBD (Cannabidiol)

CBD hat so viele positive Auswirkungen auf den Körper,
dass ich Ihnen dieses wichtige Cannabinoid aus der
Cannabispflanze etwas genauer vorstellen möchte. Viele
Menschen, die von Cannabidiol das erste Mal hören,
denken bei CBD als erstes an Kiffen, High-Sein oder die
Coffeeshops in Amsterdam. Da liegen sie aber komplett
falsch. Denn CBD ist im Gegensatz zum anderen
wichtigen Cannabinoid der Cannabispflanze, dem THC
(Tetrahydrocannabinol), gar nicht psychoaktiv. Im Gegenteil. Es ist für den Körper enorm nützlich und hilft bei
verschiedenen Erkrankungen wie Stress, Burnout, Schlafstörungen, Entzündungen, Magen-Darm-Beschwerden, ja
sogar bei Multipler Sklerose oder Parkinson.

Ursprünglich kommt die Cannabispflanze aus China.
Dort wurde sie schon vor 10.000 Jahren zunächst zum
Essen, dann für Kleidung und später sogar schon für
medizinische Zwecke genutzt. Irgendwann erreichte sie
dann auch Europa und die starken Fasern waren wichtig
für die Herstellung von Seilen. Im Verlauf wurden die
ersten medizinischen Studien zum Nutzen von Hanf
publiziert und es entstand ein wahrer Cannabisboom.

Leider wurde auf der 2. Opium-Konferenz beschlossen, Cannabis zusammen mit Opium, Heroin und Kokain zu verbieten und es wurde in den 1930er-Jahren aus den Arzneibüchern und den Apotheken verbannt.

Wie aber wirkt das CBD nun und was hat es mit dem Endocannabinoidsystem auf sich?

Ich möchte hier gar nicht zu medizinisch schreiben. Endocannabinoidsystem, das hört sich für viele zunächst super kompliziert an. Ist es aber eigentlich gar nicht. Endo ist die Kurzform für endogen und bedeutet so viel wie aus dem Körper stammend. Wir haben nämlich unser eigenes System, an das die Cannabinoide aus der Hanf-pflanze andocken und somit den Körper positiv beein-flussen können. Genau genommen haben wir sogar selber auch Cannabinoide. Zu diesen gehören das Anandamid und das 2-AG. Anandamid kommt aus dem Sanskrit und bedeutet so viel wie Glückseligkeit. Sowohl unsere eigenen als auch die Phytocannabinoide der Cannabispflanze docken in diesem System an Rezeptoren und stimulieren oder beeinflussen sie positiv. Zu diesen Rezeptoren gehören der CB1-Rezeptor, der zum größten Teil im Nervensystem und im Darm vorkommt, und der CB2-Rezeptor, der sich hauptsächlich auf Organen befindet, die für das Immunsystem oder für den Knochenaufbau wichtig sind.

Es gibt in der Cannabispflanze über 100 Cannabinoide. Ich gehe hier aber nur auf die beiden wichtigsten ein: das THC und das CBD. Das THC dockt an beide Rezeptoren an. Die neuronalen Folgen davon sind eine verminderte Schmerzwahrnehmung, ein Glücksgefühl, kurz gesagt: Man wird high.

CBD dock nicht an den CB1-Rezeptor an. Deswegen ist die Angst vor einer psychoaktiven Auswirkung oder einer Sucht von CBD auch gänzlich unbegründet. Es wirkt vielmehr als Gegenspieler vom THC.

CBD wirkt eher allosterisch auf die Rezeptoren. Das bedeutet, es verbessert die Wirkung von anderen Molekülen. Genauer gesagt, die Botenstoffe, die in unserem Körper an die CB-Rezeptoren andocken, werden in Ihrer Funktion unterstützt. Bei einem Mangel dieser Botenstoffe kann es zu physischen oder psychischen Beeinträchtigungen kommen. Neben einer Stärkung des Immunsystems greift CBD somit beispielsweise auch in den GABA- und in den Serotoninstoffwechsel ein und verbessert dadurch Stresssymptomatik, Schlafstörungen und depressive Verstimmungen. Serotonin ist nämlich das „Glückshormon". Ferner greift es über den GPR55-Rezeptor noch positiv in unseren Knochenstoffwechsel und kann Schmerzen und Entzündungen lindern.

Es ist wichtig zu wissen, dass es in der Cannabispflanze noch diverse andere Stoffe wie Terpene und sekundäre Pflanzenstoffe gibt, die zusammen mit den Cannabinoiden Synergien bilden und sich gegenseitig verstärken. Das nennt man den Entourage-Effekt. Deswegen ist es ganz wichtig, bei einem Kauf eines CBD-Öls darauf zu achten, dass es sich um ein Vollspektrumprodukt handelt.

Es besteht übrigens ein großer Unterschied von CBD-Öl zu Hanföl, was häufig miteinander verwechselt wird. Während CBD-Öl aus den Blättern und Blüten der Hanfpflanze gewonnen wird, wird Hanföl aus den Samen hergestellt. Es ist als Öl zwar auch gesund, weil es reich an guten Omega-3-Fettsäuren und Vitaminen ist und daher als Speiseöl auch empfehlenswert, CBD-Öl hat aber aufgrund des hohen CBD-Anteils sowie der anderen synergistischen Moleküle auch medizinisches Potenzial. So hilft es neben Schlafstörungen auch bei Stress, Migräne, Schmerzen, Entzündungen, dem „Reizdarmsyndrom" (eigentlich mag ich dieses Wort nicht, aber man weiß sofort, was gemeint ist), Übergewicht, ständigen Infekten oder Stimmungsschwankungen.

Das CBD-Öl sollte einen THC-Gehalt von unter 0,2 % haben und ist somit frei verkäuflich.

Befolgen Sie die Maßnahmen, werden sie aller Voraussicht nach schon etwas mehr zur Ruhe kommen und auch besser schlafen, um die Anforderungen des Tages besser bewältigen zu können und „fit for future" zu werden.

8

Fazit

Sie haben nun einen umfassenden Eindruck des Ansatzes „Burnout beginnt in der Tiefe" erhalten. Die Ursachen eines Burnouts sind vielfältig: Sie können in der Tiefe der Unternehmenskultur des Betroffenen liegen wie auch in der Tiefe des einzelnen. In der Tiefe unseres Mindsets und in der Tiefe unserer Zellen.

Dementsprechend sind auch die Lösungswege vielfältig, tief greifend und individuell. Auch wenn der Arbeitsplatz häufig in die Entstehung eines Burnouts mit reinspielt. Dieses Buch richtet sich an Sie als Individuum und wir hoffen, dass Sie viele spannende Inspirationen, Impulse und neue Ideen für Ihre Gesunderhaltung mitnehmen konnten:

Sie haben erfahren, welchen wirtschaftlichen Stellenwert die Diagnosegruppe der psychischen Erkrankungen, zu der auch Burnout gehört, in der deutschen Unternehmenslandschaft hat und welche Rolle gesunde Unternehmensstrukturen bei der Reduzierung von

© Der/die Autor(en), exklusiv lizenziert durch Springer
Fachmedien Wiesbaden GmbH, ein Teil von Springer Nature 2021
M. Mallison und D. Harbs, *Burnout ist out,* Fit for Future,
https://doi.org/10.1007/978-3-658-34660-7_8

Erschöpfungszuständen am Arbeitsplatz haben. Sie haben gelernt, was die Tiefe Ihres Unternehmens dazu beitragen kann, Sie und Ihre Mitarbeitenden gesund zu erhalten.

Sie haben alles zur Stressentstehung erfahren sowie zu den verschiedenen Stresstypen – damit Sie Ihre Warnsignale rechtzeitig erkennen und gegensteuern können.

Sie haben einen Impuls zu Ihrer artgerechten Lebensgestaltung erhalten und sind ausgestattet mit wichtigem Handwerkszeug für die Gesunderhaltung in Form von Alltags-Checklisten zur Überprüfung Ihrer artgerechten Lebensweise.

Sie haben nun einen Überblick über Resilienz und methodische Einblicke in die systemische Arbeit, um zu erlernen sich abzugrenzen und Nein zu sagen, wenn es Ihrer Gesundheit dienlich ist. Damit haben Sie wichtige Einblicke in die Tiefe Ihres Mindsets erhalten.

Im letzten Teil des Buches haben Sie alles über die körperlichen Ursachen von Burnout gelernt. Dieser Teil beinhaltete Lösungsansätze, die auf die Tiefe unseres Körpers setzen: Die Zellen, den Stoffwechsel, die Darmgesundheit und den Schlaf.

Sie wissen nun, wie Sie Ihren Stoffwechsel boosten und wie Sie Dank gezieltem Einsatz von Mineralstoffen und Vitaminen Ihre Vitalität erhalten können.

Körper, Geist und Verhalten: Auf diesen drei Ebenen macht sich negativer Stress früher oder später dauerhaft bemerkbar. Und an diesen drei Ebenen setzt auch die Burnoutprävention an. An einem ganzheitlich gesunden Umgang mit sich selbst und auch mit unseren Mitmenschen.

Wir hoffen, dass wir Sie für diesen Ansatz begeistern und freuen uns, wenn wir Ihnen Mut machen konnten, die Diagnose „Burnout" mit anderen Augen zu sehen und Sie sie gemeinsam mit uns aus der Ecke des Totschweigens herausholen.

Wir wünschen Ihnen dabei viel Erfolg und alles Gute.

Bleiben Sie gesund und brennen Sie nur in gesundem Maße und nur für das, was Sie begeistert!

Literatur

AHAB-Akademie. (2014). *Lehrbrief Autogenes Trainin,*(3. Aufl., S. 18).

Ait.Belgnaoui, A., et al. (2014). Probiotic gut effect prevents the chronic psychological stress-induced brain activity abnormality in mice. *Neurogastroenterology and Motility, 26*(4), 510–520.

Andres, J. (2008). *Untersuchungen über Regulationsmechanismen der 11beta-Hydroxysteroid Dehydrogenase Typ1.* https://publishup.uni-potsdam.de/opus4-ubp/frontdoor/index/index/year/2009/docId/3153. [Stand: 02.04.2021]

Attia R.T. et al. (2018). Raspberry ketone and Garcinia Cambogia rebalanced disrupted insulin resistance and leptin signaling in rats fed high fat fructose diet. *Biomed Pharmacother.* 2019 Feb; 110:500-509. doi: https://doi.org/10.1016/j.biopha.2018.11.079. Epub 2018 Dec 7.

Bannai, M., & Kawai, N. (2012). New therapeutic strategy for amino acid medicine: Glycine improves the quality of sleep. *Journal of Pharmacological Sciences, 118*(2), 145–148.

© Der/die Herausgeber bzw. der/die Autor(en), exklusiv lizenziert durch Springer Fachmedien Wiesbaden GmbH, ein Teil von Springer Nature 2021
M. Mallison und D. Harbs, *Burnout ist out*, Fit for Future, https://doi.org/10.1007/978-3-658-34660-7

Bannai, M., & Kawai, N. (2012). New therapeutic strategy for amino acid medicine: Glycine improves the quality of sleep. *Journal of Pharmacological Sciences, 118*(2), 145–148.

Bannai, M., et al. (2012). The eff ects of glycine on subjective daytime performance in partially sleep-restricted healthy volunteers. *Frontiers in Neurology, 3*, 61.

Bharti, V. K. et al. (2016). Kapitel 52: Ashwagandha: Multiple Health Benefi ts. In *Nutraceuticals – Effi cacy, Safety and Toxicity* (1. Aufl., S. 717–33). Academic Press, Elsevier.

Bieger, W. P., & Neuner, A. (2006). Die Pathophysiologie von Oxidativem Stress. *Zs F Orthomol. Med., 3*, 6–12.

Boyle NB. et al. (2017). The effects of Magnesium Supplementation on Subjective Anxiety and Stress – A systematic review. *Nutrients; 9*(5):429

Blumenthal, S. (2017). Seminarunterlagen der IHK Wirtschaftsakademie Schleswig-Holstein „Fachfrau/-mann für Betriebliches Gesundheitsmanagement.

Bravo, R., et al. (2013). Tryptophan-enriched cereal intake improves nocturnal sleep, melatonin, serotonin, and total antioxidant capacity levels and mood in elderly humans. *Age (Dordrecht, Netherlands), 35*(4), 1277–1285.

Burgerstein, L. (2002). *Burgersteins Handbuch der Nährstoffe* (1. Aufl.). Haug-Verlag.

Bujakska, U., et al. (2002). 11-hydroxysteroid dehydrogenase type 1indifferentiating omental human praeadipocytes: From sde-activation to generation of cortisol. *Endocrine Research., 28*, 449–461.

Busch, M. 2011. „SELBSTentwicklung" – Ein Beitrag zur (Wieder-) Vereinigung von Körper und Ich Oder: Die Zukunft von Psychotherapie und Medizin liegt in ihrer Überwindung… (2011). In W. A. Leeb, B. Trenkle, & M. F. Weckenmann (Hrsg.), *Der Realitätenkellner. Hypnosystemische Konzepte in Beratung, Coaching und Supervision.* Carl-Auer.

Chagas, M. H. et al. (2014). Effects of cannabidiol in the treatment of patients with Parkinson's disease: an exploratory double-blind trial.

Chapa-Oliver, A. M. (27. Juli 2016). Capsaicin: From plants to a Cancer-Suppressing Agent. *Molecules, 21*(8):931. doi: https://doi.org/10.3390/molecules21080931.

Da Costa Krewer, C., et al. (2011). Habitual intake of guaraná and metabolic morbidities: An epidemiological study of an elderly amazonian population. *Phytotherapy Research, 25*(9), 1367–1374.

Depino, A. M., et al. (2008). GABA homeostasis contributes to the developmental programming of anxiety-related behavior. *Brain Research, 1210,* 189–199.

Diepvens, K., Westerterp, K. R., & Westerterp-Plantenga, M. S. (2007). Obesity and thermogenesis related to the consumption of caffeine, ephedrine, capsaicin, and green tea. *American Journal of Physiology: Regulatory, Integrative and Comparative Physiology, 292*(1), R77-85.

Dietl, H., & Ohlenschläger, G. (2003). *Handbuch der Ortho-molekularen Medizin. Prävention und Therapie durch körpereigene Substanzen* (2. Aufl.). Stuttgart.

Du, J., et al. (2016). 2016 The role of nutrients in protecting mitochondrial function and neurotransmitter signaling: Implications for the treatment of depression, PTSD, and suicidal behaviors. *Critical Reviews in Food Science and Nutrition, 56*(15), 2560–2578.

Dulloo, A. G., et al. (2000). Green tea and thermogenesis: Interactions between catechin-polyphenols, caffeine and sympathetic activity. *International Journal of Obesity and Related Metabolic Disorders, 24*(2), 252–258.

Ebben, M., et al. (2002). Effects of pyridoxine on dreaming: A preliminary study. *Perceptual and Motor Skills, 94*(1), 135–140.

Esatbeyoglu T et al. (2012) *Curcumin – vom Molekül zur biologischen Wirkung.* (Erstveröffentlichung: 4 May 2012).

Farzi, A., et al. (2018). Gut Microbiota and the Neuroendocrine System. *Neurotherapeutics, 15*(1), 5–22.

Fernstrom, J. D., & Fernstrom, M. H. (2001). Diet, mono-amine neurotransmitters and appetite control. *Nestlé Nutrition Workshop Series. Clinical & Performance Programme, 5,* 117–131.

Food and Agriculture Organization of the United Nations, World Health Organization (Hrsg.). 2006. Probiotics in food: Health and nutritional properties and guidelines for evaluation. *FAO Food and Nutrition Paper 85*, 65.

Ford AH et al. (2013). Homocysteine, depression and cognitive function in older adults. *Journal of Affect Disord,* *151*(2):646–51, *61*(7):631–637.

Fröböse, I. 2014. Das Turbo-Stoffwechsel-Prinzip. So stellen Sie den Körper dauerhaft auf „schlank" um. München: Gräfe und Unzer Verlag GmbH.

Fukuda, S., et al. (2016). Ubiquinol-10 supplementation improves autonomic nervous function and cognitive function in chronic fatigue syndrome. *BioFactors,* *42*(4), 431–440.

Gerlmaier, A, & Latniak, E. (2016). *Mehr Autonomie, mehr Resilienz oder mehr Gestaltungskompetenz? Neue Wege psychosozialer Arbeitsgestaltung im Industrie 4.0-Zeitalter; 14. Jahrestagung des Arbeitskreises Empirische Personal- und Organisationsforschung.* Belastungen in der modernen Arbeitswelt. Heinrich-Heine-Universität Düsseldorf

Gohari, A. R., et al. (2013). An overview on saffron, phytochemicals, and medicinal properties. *Pharmacognosy Reviews,* *7*(13), 61–66.

Gomez-Pinilla, G., & Nguyen, T. (2012*). Natural mood foods: The actions of polyphenols against psychiatric and cognitive disorders.* Nutr Neurosci

Gröber, U., & Orthomolekulare Medizin (2002*). Ein Leitfaden für Apotheker und Ärzte* (3. Aufl.). Wissenschaftliche Verlagsgesellschaft.

Gruhl, M. (2015). *Resilienz im Alltag. Dtsch Heilpraktiker Z.,* *10*(02), 71–73.

Guo L, X. et al. (2019). p-Synephrine exhibits anti-adipogenic activity by activating the Akt/GSK3beta signaling pathway in 3T3-L1 adipocytes. *J Food Biochem, 43*(11):e13033. doi: https://doi.org/10.1111/jfbc.13033. Epub 2019 Sep 4.

Gutiérrez-Hellín, J. et al. (2018). Effects of p-Synephrine and Caffeine Ingestion on Substrate Oxidation during Exercise.

Med Sci Sports Exerc, *50*(9): 1899–1906. doi: https://doi.org/10.1249/MSS.0000000000001653.

Hausenblas, H. A. et al. (2013). Saffron (Crocus sativus L.) and major depressive disorder: a meta-analysis of randomized clinical trials. *J Integr Med. 11*(6): 377–383.

Hsu Y.J et al. 2016. Capsaicin Supplementation Reduces Physical Fatigue and Improves Exercise Performance in Mice, 8(10):648. doi: https://doi.org/10.3390/nu8100648.

Hursel, R., Viechtbauer, W., & Westerterp-Plantenga, M. S. (2009). The effects of green tea on weight loss and weight maintenance: A meta-analysis. *International Journal of Obesity, 33,* 956–961.

Hursel, R., & Westerterp-Plantenga, M. S. (2010). Thermogenic ingredients and body weight regulation. *International Journal of Obesity, 34*(4), 659–669.

Hvas, A. M. et al. (2004). Vitamin B6 level is associated with symptoms of depression. *Psychother Psychosom, 73*(6):340–343

Institute of Medicine, (2015). *Beyond Myalgic Encephalomyelitis/ Chronic Fatigue Syndrome: Redefining an Illness.* National Academies Press

IOS Schley: Lehrbrief Systemischer Coach. 2019/2020, Modul 3 „Identität", S.10

Ishii, N. (2007). Role of oxidative stress from mitochondria on aging and cancer. *Cornea, 26*(9 Suppl 1), S3-9.

Jadoon, K. A., et al. (2016). Efficacy and safety of cannabidiol and tetrahydrocannabivarin on glycemic and lipid parameters in patients with type 2 diabetes: A randomized, double-blind, placebo-controlled. *Parallel Group Pilot Study. Diabetes Care., 39*(10), 1777–1786.

Kaluza, G. (2018). *Gelassen und sicher im Stress. Das Stress-kompetenz-Buch: Stress erkennen, verstehen, bewältigen* (7. Aufl.). Springer.

Kennedy, D. O. (2016). B Vitamins and the Brain: Mechanisms, Dose and Efficacy – A Review. *Nutrients, 8*(2), 68.

Kennedy, D. O., et al. (2004). Improvend cognitive performance in human volunteers following administration of guarana extract. *Pharmacology, Biochemistry and Behavior, 79*(3), 401–411.

Kunitomo, M. (2007). Oxidative stress and atherosclerosis. *Yakugaku Zasshi, 127*(12), 1997–2014.

Labanski, A. et al. (2020). Stress and the brain-gut axis in functional and chronic-inflammatory gastrointestinal diseases: A transdisciplinary challenge. *Psychoneuroendocrinology, 111*:104501.

Leach, M. J., & Page, A. T. (2015). Herbal medicine for insomnia: A systematic review and meta-analysis. *Sleep Medicine Reviews, 24*, 1–12.

Lee, M. S., Kim, C. T., & Kim, Y. (2009). Green tea (-)-epigallocatechin-3-gallate reduces body weight with regulation of multiple genes expression in adipose tissue of diet-induced obese mice. *Annals of Nutrition & Metabolism, 54*(2), 151–157.

Leppert, K., et al. (2008). 2008 Die Resilienzskala (RS) – Überprüfung der Langform RS-25 und einer Kurzform RS-13. *Klin Diagnostik Evaluation, 1*, 226–243.

Leung, F. W. (2014). 2014 Capsaicin as an anti-obesity drug. *Progress in Drug Research, 68*, 171–179. https://doi.org/10.1007/978-3-0348-0828-6_7

Lima, W. P. et al. (2005). Lipid metabolism in trained rats: effect of guarana (Paullinia cupana Mart.) supplementation. *Clin Nutr. 24*(6):1019–1028.

Lönnerdal, B. (2009). Soybean ferritin: Implications for iron status of vegetarians. *American Journal of Clinical Nutrition, 89*(5), 1680S-1685S.

Long, S. J., & Benton, D. (2013). Effects of vitamin and mineral supplementation on stress, mild psychiatric symptoms, and mood in nonclinical samples: A meta-analysis. *Psychosomatic Medicine, 75*(2), 144–153.

Martius, F. (2009). Eisenmangel ohne Anämie. *Curriculum Schweiz Med Forum., 9*(15–16), 294–299.

Marx, K. M. (2017). *Wenn Abnehmen zur Nebensache wird. Schlank, gesund und vital durch Stoffwechselregulierung.* Eigenverlag.

Maslach, C., & Leiter, M. P. (2001). *Die Wahrheit über Burnout. Stress am Arbeitsplatz und was Sie dagegen tun können.* Springer.

Masuzaki, H., et al. (2001). A transgenic model of visceral obesity and the metabolic syndrome. *Science, 294,* 2166–2170.

Matyssek, A. K. (2011). *Trainermanual zum Workshop "Gesund führen - sich und andere!".* Books on Demand GmbH.

Mazukaki, H., & Filler, J. S. 2003. Tissue specific glucocorticoid reactivating enzyme, 11-beta-hydroxysteroid dehydrogensae type 1 (11 beta HSD-1) a promising drug target for the treatment of metabolic syndrome. *Curr Drug Targets Immune Endocr Metabol Disord, 3*(4):255–262.

Marx, W. et al. (2019). Effect of saffron supplementation on symptoms of depression and anxiety: a systematic review and meta-analysis. *Nutr Rev.* pii: nuz023.

Messaoudi, M., et al. (2011). Beneficial psychological effects of a probiotic formulation (Lactobacillus helveticus R0052 and Bifidobacterium longum R0175) in healthy human volunteers. *Gut Microbes., 2*(4), 256–261.

Mikkelsen K et al. 2016. The Effects of Vitamin B in Depression. *Curr Med Chem 2016; 23*(38):4317–4337

Mizuno, K., et al. (2008). Antifatigue effects of coenzyme Q10 during physical fatigue. *Nutrition, 24*(4), 293–299.

Ying, W. (2008). NAD+/NADH and NADP+/NADPH in cellular functions and cell death: Regulation and biological consequences. *Antioxidants & Redox Signaling, 10*(2), 179–206.

Morgan, C. J., et al. (2013). Cannabidiol reduces cigarette consumption in tobacco smokers: Preliminary findings. *Addictive Behaviors, 38*(9), 2433–2436.

Morimoto, C. et al. (2005). Anti-obese action of raspberry ketone. *Life Sci, 77*(2):194–204. doi: https://doi.org/10.1016/j.lfs.2004.12.029. Epub 2005 Feb 25.PMID: 15862604

Morris, C. D., & Carson S. (2003). Routine vitamin supplementation to prevent cardiovascular disease: A summary of the evidence for the U.S. Preventive Services Task Force. *Ann Intern Med. 139*(1):56–70.

Nagao, T., et al. (2009). A catechin-rich beverage improves obesity and blood glucose control in patients with type 2 diabetes. *Obesity, 17*(2), 310–317.

Nielsen, F. H. (2014). Kapitel 31: Relation between Magnesium Defi ciency and Sleep Disorders and Associated Pathological Changes. In *Modulation of Sleep by Obesity, Diabetes, Age and Diet* (1. Aufl.,. S. 291–6). Academic Press, Elsevier.

Park, K.S., et al. (2011). A combination of green tea extract and l-theanine improves memory and attention in subjects with mild cognitive impairment: a double-blind placebo-controlled study. *J Med Food*

Park, K. S. (2010). Raspberry ketone increases both lipolysis and fatty acid oxidation in 3T3-L1 adipocytes. *Planta Med. 76*(15):1654–8. doi: https://doi.org/10.1055/s-0030-1249860. Epub 2010 Apr 27.

Peters, L., et al. (2015). The eff ect of dietary intake of vitamin B6 on sleep quality and insomnia. *European Neuropsychopharmacology, 25*(S2), 654–655.

Peters, S. et al., (1/2014). *Burnout wirksam vorbeugen mit bewegungsbezogenen Interventionen? In: Bewegungstherapie und Gesundheitssport* (S. 6–12). Stuttgart: Haug Verlag.

Powers, M. (2012). (2012) GABA supplementation and growth hormone response. *Medicine and Sport Science, 59*, 36–46. https://doi.org/10.1159/000341944 Epub 2012 Oct 15.

Radtke, R. (2018). Arbeitsunfähigkeitstage aufgrund von Burn-out-Erkrankungen bis 2018, 29.11.2019https://de.statista.com/statistik/daten/studie/239869/umfrage/arbeitsunfaehigkeitstage-aufgrund-von-burn-out-erkrankungen/ Zugegriffen: 15. Aug. 2020

Radtke, R. (2019). Statistik zu Burnout-Erkrankungen in Deutschland. https://de.statista.com/statistik/daten/studie/239872/umfrage/arbeitsunfaehigkeitsfaelle-aufgrund-von-burn-out-erkrankungen/ Zugegriffen: 15. Aug. 2020

Schley, V., & Schley, W. (2010). *Handbuch Kollegiales Teamcoaching*. Studienverlag.

Schmidbauer, C. (Hrsg.). *Mikronährstoff-Coach® Das große BIOGENAKompendium der Nährstoffe. Verlagshaus der Ärzte. 2017*, (2. Aufl.)

Schulz von Thun, F. (2021). Das innere Team www.inneres-team.de. Zugegriffen am 10.04.2021

Schumacher, J. et al. (2005). Die Resilienzskala – Ein Fragebogen zur Erfassung der psychischen Widerstandsfähigkeit als Personmerkmal. *Z Klin Psychol Psychiatr Psychother, 53*(1):16–39

Shafiee, M., et al. (2018). Saffron in the treatment of depression, anxiety and other mental disorders: Current evidence and potential mechanisms of action. *Journal of Affective Disorders, 227*, 330–337.

Silber, B. Y., & Schmitt, J. A. (2010). Effects of tryptophan loading on human cognition, mood, and sleep. *Neuroscience and Biobehavioral Reviews, 34*(3), 387–407.

Statista Research Departement: https://de.statista.com/statistik/daten/studie/226959/umfrage/burn-out-erkrankungen-unter-mitarbeitern-ausgewaehlter-dax-unternehmen/. Zugegriffen: 15. Aug. 2020

Stohs S.J. et al. (2017). Safety, Efficacy, and Mechanistic Studies Regarding Citrus aurantium (Bitter Orange) Extract and p-Synephrine. *Phytother Res., 31*(10):1463–1474. doi: https://doi.org/10.1002/ptr.5879. Epub 2017 Jul 28.

Sultan, S. R., et al. (2017). A Systematic review and meta-analysis of the haemodynamic effects of cannabidiol. *Frontiers in Pharmacology, 8*, 81.

Techniker Krankenkasse. (2020). Gesundheitsreport 2020 Arbeitsunfähigkeiten. https://www.tk.de/resource/blob/2081662/6382c77f2ecb10cc0ae040de07c6807f/gesundheitsreport-au-2020-data.pdf. Zugegriffen: 15. Aug. 2020.

Tóth, B., et al. (2019). The efficacy of saffron in the treatment of mild to moderate depression: A meta-analysis. *Planta Medica, 85*(1), 24–31.

Tremblay, A., et al. (2015). Capsaicinoids: A spicy solution to the management of obesity? *J Obes (Lond). 2016 Aug;40*(8):1198–204. doi: https://doi.org/10.1038/ijo.2015.253. Epub 2015 Dec 21.

Tugade M. M., & Fredrickson B. L. (2004). Resilient individuals use positive emotions to bounce back from negative emotional experiences. *J Pers Soc Psychol, 86*(2): 320–33

Tujioka, K., et al. (2007). Dietary gamma-aminobutyric acid affects the brain protein synthesis rate in young rats. *Amino Acids, 32*(2), 255–260.

Viebahn I., et al. 2015. Magnesium status correlates with health and quality of life. *Trace Elem Electroly, 33*(2): 70–73

Wang H. et al. 2020. Glycyrrhizic Acid Inhibits Proliferation of Gastric Cancer Cells by Inducing Cell Cycle Arrest and Apoptosis. Cancer Manag Res. 2020 Apr 24;12:2853–2861. doi: https://doi.org/10.2147/CMAR.S244481. eCollection 2020.

Wattanathorn J. et al. 2008.Piperine, the potential functional food for mood and cognitive disorders. Food Chem Toxicol. 2008. PMID: 18639606

Watzl, B., et al. (2005). *Bioaktive Substanzen in Lebensmitteln* (1. Aufl.). Hippokrates.

Wellensiek, S. K. (2011). *Handbuch Resilienz-Training*. Beltz Verlag.

Whiting, S., et al. (2014). Could capsaicinoids help to support weight management? A systematic review and meta-analysis of energy intake data. Appetite. 2014 Feb;73:183–8. doi: https://doi.org/10.1016/j.appet.2013.11.005. Epub 2013 Nov 15.

Yang, X., et al. (2018). Comparative efficacy and safety of Crocus sativus L. for treating mild to moderate major depressive disorder in adults: A meta-analysis of randomized controlled trials. *Neuropsychiatric Disease and Treatment, 14*, 1297–1305.

Yin, Y. Y., Ton, S. H., & Kadir, K. B. (2010). Effects of Glycyrrhizic acid on 11 beta- Hydroxysteroid Dehydrogenase (11 betaHSD1 and 2) Activities and HOMA-IR in Rats at Different Treatment Periods. *Experimental and Clinical Endocrinology & Diabetes, 118*(9), 617–624.

Zager E.L. et al. (1985). Neuropeptides in human memory and learning processes. 1985 *Neurosurgery, 17*(2):355–69. doi: https://doi.org/10.1227/00006123-198508000-00023.

Zhang S., et al., (2019). Application of capsaicin as a potential new therapeutic drug in human cancers. *J Clin Pharm Ther.,45*(1):16–28. doi: https://doi.org/10.1111/jcpt.13039. Epub 2019 Sep 23.

Zhu, M., et al. (2020). Capsaicin suppressed activity of prostate cancer stem cells by inhibition of Wnt/beta-catenin pathway. *Phytother Res, 34*(4):817–824. doi: https://doi.org/10.1002/ptr.6563. Epub 2019 Nov 28.

Printed in the United States
by Baker & Taylor Publisher Services